QUESTIONS INÉVITABLES

Questions Inévitables

Mame

Dépôt légal : 3e trimestre 1985
ISBN 2-7289-0223-2

Ce livre a été conçu et réalisé par

Gilbert Gobert, ancien directeur de l'Enseignement religieux du diocèse de Versailles, curé de Conflans-Sainte-Honorine (Yvelines).

Stanislas Lalanne, responsable de l'Aumônerie de l'Enseignement Public du diocèse de Versailles.

Elisabeth Ollivier, membre de l'équipe de formation de l'Aumônerie de l'Enseignement Public du diocèse de Versailles.

Dominique Régnier, professeur dans l'Enseignement Catholique, membre de l'équipe de formation de l'Aumônerie de l'Enseignement Public du diocèse de Versailles.

Pierre Moitel, ancien secrétaire national de l'Aumônerie de l'Enseignement Public, animateur de sessions de formation, a assuré la réécriture finale de l'ouvrage.

Un jour ou l'autre, tout croyant s'interroge sur sa foi. Ce qui lui paraissait évident et lumineux lui parvient à travers un brouillard d'incertitudes et d'interrogations.

Aux questions qui traversent son esprit, il désire des réponses susceptibles d'éclairer à nouveau sa route.

Ce livre voudrait apporter quelques lumières sur trois questions qui se posent aux jeunes et adultes croyants.

PRÉCISIONS DE DÉPART

Par définition, ce qui est inévitable ne peut être évité. C'est ce à quoi l'on ne peut échapper et qui semble inéluctable. C'est le point de passage obligé.

D'où vient ce titre ?

Sous le titre « Questions inévitables » sont rassemblées des interrogations qui jaillissent dans l'esprit ou surgissent sur les lèvres de catéchistes et d'animateurs d'aumônerie, lors de réunions et sessions de formation. Les Q.I., ainsi que nous avons fini par les appeler par simplification, sont les questions que le croyant ne peut éluder : quel que soit le problème théologique abordé en catéchèse, il se trouve en effet « inévitablement » confronté à l'une ou l'autre de ces interrogations, cachée sous une demande d'explication naïve ou embusquée derrière une parole de doute.
Responsables de formation catéchétique à des titres divers, les cinq auteurs de cet ouvrage ont jugé qu'il ne fallait pas éluder ces questions, mais s'en saisir, y faire face, tenter de mettre bon ordre dans leur formulation et essayer, autant que faire se peut, d'apporter une réponse courte et pertinente.

Quelles questions ?

Douze questions ont été pour l'instant retenues. Elles sont regroupées sous quatre thèmes. Chaque thème fera l'objet d'un livre d'environ cent cinquante pages, composé de trois chapitres illustrant chacun un aspect du thème.

Voici le plan général envisagé :

Livre I : **Croire, est-ce tout croire ?**

Croire, est-ce tout croire ?
Peut-on croire aux évangiles ?
A-t-on besoin de l'Église pour croire ?

Livre II : **Jésus est-il ressuscité ?**

La résurrection est-elle le point de départ de la foi ?
Jésus savait-il qu'il était le fils de Dieu ?
Croire rend-il différent des autres ?

Livre III : **Qu'est-ce que le péché ?**

Jésus est-il mort pour nos péchés ?
Culpabilité ou péché ?
Sacrement de Pénitence ou sacrement de réconciliation ?

Livre IV : **Les sacrements, est-ce utile ?**

Pourquoi y a-t-il sept sacrements ?
Église — Royaume — Monde
La célébration (1)

---

[1] D'autres questions seraient à envisager : Y a-t-il une morale chrétienne ? — Si la vie a un sens, quel sens a la mort ? — La prière — Les autres religions.

Pour qui ces livres ?

Ces livres doivent leur point de départ aux interrogations soulevées par des catéchistes de classes primaires et des animateurs de catéchèse d'établissements scolaires d'Enseignement Secondaire (Premier Cycle et Second Cycle).
Le public des lecteurs auxquels ces livres sont destinés est toutefois plus large : ils s'adressent aux jeunes et aux adultes qui cherchent à se préciser pour eux-mêmes en qui ils croient et pourquoi ils croient. Tout croyant en recherche de précisions sur la foi peut être intéressé par les questions et réponses contenues dans ces livres.
Si l'ordre des livres et des chapitres n'est pas impératif, il a quand même été voulu comme tel par les auteurs et révèle leur propre choix. Chaque livre constitue un tout homogène et l'ordre des chapitres n'est ni neutre, ni indifférent.

Quel fil conducteur ?

Chaque chapitre de ces livres est volontairement court. C'est une intention des auteurs de saisir chaque question dans ce qu'elle a d'essentiel : il n'est pas possible en peu de pages de prétendre tout dire sur des sujets aussi vastes. Les chapitres ne font donc pas le tour des questions abordées, ils en délimitent le terre-plein central.
C'est aussi un désir de ne pas disperser l'attention du lecteur sur des aspects sans doute intéressants, mais souvent seconds d'un problème.
Quelle que soit la question abordée, une démarche identique a été retenue à l'intérieur des chapitres. La réflexion se développe ainsi en quatre parties, selon l'ordre suivant :

Comment se pose la question ?

Quelques « clefs » pour comprendre la question. Ces « clefs » peuvent être biblique, historique, philosophique, théologique.

Essai de synthèse.

Autres questions, quelques réponses.

La bibliographie en fin de chaque chapitre est sommaire. Le nombre des ouvrages parus sur chacune des questions abordées est si grand qu'il a fallu faire un choix. Ce choix longuement discuté demeure toutefois subjectif. Il n'a pour but que de permettre au lecteur curieux ou insatisfait de poursuivre ses propres recherches.

En conclusion, l'ensemble de ces livres rassemblés sous le titre « Questions inévitables » offre un menu modeste. Après les avoir parcourus, que chaque lecteur ou lectrice établisse pour lui-même, pour elle-même, et selon son appétit, la carte de plats plus garnis. Ces livres ont pour seule prétention d'ouvrir l'appétit. S'il en était ainsi, ce serait à la satisfaction de ceux qui les ont écrits.

Les auteurs

DES MOTS POUR LE DIRE

Pour éviter confusions ou malentendus dans la lecture et la compréhension du livre, quelques précisions de vocabulaire sont nécessaires.

Jésus de Nazareth: Ce nom désigne Jésus dans sa vie terrestre. Il reprend le nom même que les Juifs de son temps lui donnaient (cf. Marc 6, 3).

Jésus Christ: Ce nom s'applique toujours à Jésus ressuscité. Il est repris du premier discours de Pierre le jour de la Pentecôte: « Ce Jésus que vous avez crucifié, Dieu l'a fait Seigneur et Christ » (Actes 2, 36).

Évangile: Écrit au singulier avec une initiale majuscule, ce mot désigne le message de la Bonne Nouvelle (en grec, « eu-aggelion » signifie Bonne Nouvelle) qu'annoncent les quatre textes des évangélistes et qui concerne la personne et l'œuvre de Jésus.

évangiles: Écrit au pluriel avec une initiale minuscule, ce mot s'applique globalement aux quatre textes de Matthieu, Marc, Luc et Jean.

épîtres: Ce terme englobe les 21 lettres envoyées par Paul, Pierre, Jacques et Jean aux premières communautés chrétiennes. Indifféremment, on emploiera dans ce livre le mot « épître » ou le mot « lettre ».

Livre I

Croire, est-ce tout croire ?

1. *Est-ce tout croire ?*
2. *Peut-on croire aux évangiles ?*
3. *A-t-on besoin de l'Église pour croire ?*

Chapitre premier

Croire, est-ce tout croire ?

— « Les jeunes ne viennent pas à l'aumônerie parce qu'ils ont la foi, mais parce qu'ils ont besoin de se rencontrer, de s'engager, d'échanger. Cependant, Dieu et Jésus Christ ne sont pas oubliés, ils sont même souvent remis sur le tapis !
— Mais si tout cela se vit, pourquoi les jeunes ne prononcent-ils jamais, ou rarement, les noms de Dieu et de Jésus Christ ?
— Parce qu'ils sont prudents. Et avec raison. Vivre selon l'amour, aimer son prochain, d'accord. Mais dire « Dieu », c'est accepter une certaine création du monde, un au-delà, la résurrection. Et ça, c'est difficile ! Croire en Jésus-Christ fils de Dieu, celui que les adultes qui se disent croyants oublient souvent, ce n'est pas aussi facile que croire en Jésus l'homme. »
Ces réactions de Catherine, 20 ans, étudiante et animatrice d'une aumônerie de lycée du Nord, illustrent et précisent la question posée par le titre de ce chapitre : Croire, est-ce tout croire ?

DEUX ATTITUDES CROYANTES

Si l'on analyse les attitudes croyantes actuelles, on pourrait repérer dans l'Église deux types de chrétiens. Ils se caractériseraient ainsi : les uns sont partisans farouches du « tout ou rien », les autres préconisent la prudence du « pas à pas ».

Les premiers sont profondément persuadés que les convictions de foi constituent un tout homogène et indivisible. Laisser de côté un élément de l'ensemble des données de la foi, c'est ouvrir une brèche malencontreuse et irréparable dans une construction où tout se tient ; enlever une pierre de l'édifice, c'est risquer l'écroulement du tout. Point n'est donc question d'envisager le moindre « changement », de modifier un seul iota (cf. Matthieu 5, 18), d'émettre le moindre doute ou de céder la moindre parcelle de terrain. Porter le soupçon et faire la plus petite réserve sur un aspect de la foi, c'est faire entrer le ver dans le fruit. Tout est dans tout : la foi est totale ou elle n'est pas.
De ce fait, si je donne mon assentiment à une chose, il me faut le donner à tout. Il ne peut être question de faire un choix entre ce qui me plaît et ce qui ne me convient pas, entre ce qui serait crédible et ce qui ne le paraîtrait pas, entre ce à quoi j'acquiesce et ce que je récuse. S'il y a engagement, il est plénier ou il n'est pas. Le chrétien ne peut être croyant à moitié ou en partie. C'est l'intransigeance radicale du « tout ou rien ».

Les seconds sont partisans d'une démarche lente. Ils sont sans doute aussi convaincus que la foi doit imprégner toute la vie, mais ils estiment que l'appréhension et la compréhension des certitudes de foi ne peut se faire que par lente imprégnation. La terre la mieux irriguée et la plus fertile, pensent-ils, est celle qui reçoit la pluie par fines ondées. Croire, c'est se mettre en route et cheminer lentement, afin d'aller à la rencontre de connaissances qui ne peuvent jamais être dites définitives, mais qui se révèlent devoir être sans cesse approfondies. La foi n'est pas donnée en une seule fois, tout n'est jamais donné à la fois et rien n'est défini une fois pour toutes.

De ce fait, il ne peut être fixé de terme ou de limite au donné et au contenu de la foi. C'est essentiellement une démarche et une expérience qui se déroulent peu à peu, au jour le jour, pas à pas. Chacun s'avance sur sa route en s'appropriant des certitudes successives et en donnant progressivement son adhésion à des convictions qui le font avancer.

Chances des deux attitudes

Ces deux types d'attitude, l'une plus d'intransigeance, l'autre davantage de prudence, ne sont ni à rejeter, ni à opposer de façon absolue et systématique. Elles s'expliquent et se justifient toutes deux.

L'attitude du « tout ou rien » peut se caractériser par trois aspects.

— D'abord, elle met l'accent sur une foi qui commande et régit toute l'existence : la foi est totalisante et globalisante, elle ne peut laisser certains secteurs de la vie en dehors de sa sphère d'influence.
— Ensuite, elle insiste sur une foi qui a un contenu précis et défini, qu'il n'est pas question de remettre en cause,

de modifier ou même de nuancer. La foi a réponse à tout et les certitudes, connaissances et convictions constituent un ensemble immuable et intangible, même si, à la limite, leur expression peut être adaptée à l'environnement socio-culturel d'une époque donnée ou d'un lieu particulier.

— Enfin, elle souligne l'importance de la tradition et de la transmission : la foi de l'Église se transmet de père en fils, d'âge en âge, de génération en génération, d'hier à aujourd'hui, comme un héritage et un trésor précieux que l'on se passe de main en main, avec un respect scrupuleux et une fidélité sans faille à ce « dépôt » dont chaque croyant reçoit successivement la charge. Pas plus qu'on n'est l'auteur de sa propre vie, on n'est l'auteur de sa foi : on reçoit la foi comme on reçoit la vie.

L'attitude inverse du « pas à pas » peut se définir par trois comportements contraires.

— D'abord, elle met l'accent sur une foi qui ne peut être perçue comme sans faille : personne n'est en mesure de dire de façon définitive « J'ai la foi ». La foi s'inscrit en pointillé dans l'existence du croyant, en ce sens que s'entremêlent dans sa vie « temps forts » et « temps morts », c'est-à-dire les moments de certitude et les instants de doute, les temps d'enthousiasme et d'euphorie vécus sur la montagne de Dieu et les sombres périodes des nuits de la foi.

— Ensuite, elle insiste moins sur le contenu doctrinal et rationnel de la foi que sur la démarche du croyant pour y accéder : le croyant est celui qui va, chemine, recherche ; il est toujours en route, jamais en repos, sur un chemin tantôt couvert de fleurs, tantôt semé d'embûches et de difficultés. Cependant, les joies de la découverte dont le croyant fait l'expérience au fur et à mesure de son cheminement, le rassurent et lui confirment qu'il est sur la bonne voie, lui donnent le goût et le courage d'avancer, le renforcent dans la vérité des premières données de la foi qu'il a découvertes ou entrevues. Chemin faisant, sa foi se construit et il progresse dans la foi.

— Enfin, elle souligne l'importance de la relation aux autres croyants, c'est-à-dire à ses « pairs dans la foi » avec qui il fait présentement route et dont il a besoin pour continuer. Le pas-à-pas, c'est un pas-à-pas ensemble, en Église, qui permet seul l'avancée. De même que sur les pistes du désert, le nomade solitaire risque la soif et la mort, de même le croyant isolé court le risque de se retrouver perdu dans les sables du doute ou du découragement, sans eau et sans vie.

A vrai dire, ces deux attitudes qui viennent d'être brièvement décrites, n'existent jamais à l'état pur. Aucun croyant n'est l'homme d'une seule et unique attitude, valable à vie. Chacun se promène d'une attitude à l'autre et chacun pourrait se dire à la manière du Tartarin de Tarascon d'Alphonse Daudet : « Je sens deux hommes en moi ! » : c'est-à-dire l'aventurier nomade et chercheur en même temps que le propriétaire terrien, sédentaire et casanier. Il demeure que, selon l'âge, le tempérament, l'environnement social et familial, le contexte culturel et les circonstances de la vie, une attitude prédomine et prend toujours le pas sur l'autre.

Risques des deux attitudes

— Le risque du « tout ou rien » est celui de l'emprisonnement, de l'enfermement. C'est vouloir enfermer la foi dans un savoir clos et des comportements intransigeants en dehors desquels « il n'y a pas de salut ». Ambitionner de tout croire, c'est risquer de se laisser emprisonner dans un carcan de certitudes immuables et intangibles desquelles il ne faudrait sortir à aucun prix ; c'est refuser d'aller voir ailleurs afin de découvrir si l'Esprit ne souffle pas là aussi, lui dont il est dit qu'on ne sait « ni d'où il vient, ni où il va » (Jean 3, 8). Viser le « tout ou rien », c'est aussi prétendre que « tout revient au même », comme si données de la foi et connaissances religieuses étaient toutes du même ordre ou du même degré et devaient, sans distinction aucune, être mises sur le même plan. L'Histoire nous apprend que des choses secondes mises au rang de vérités premières ont conduit des croyants de n'importe quelle religion aux attitudes les plus sectaires et les plus fanatiques. Que l'on songe aux invasions musulmanes du VIIIe siècle ou à l'Inquisition du XVe, à l'Iran de l'ayatollah Khomeini ou à certaines sectes actuelles !

— Le risque du « pas à pas » n'est pas moins grand. C'est le piège du relativisme, qui peut se manifester de diverses façons. Il consisterait à penser par exemple qu'il n'est aucune vérité absolue sur la foi, que rien n'est jamais donné comme sûr, que toute vérité est relative à une époque ou à un lieu, qu'une vérité n'est valable que pour celui qui l'appréhende et en vit, qu'il n'y a aucun point de repère précis de la foi, que celle-ci se confond toujours avec une démarche existentielle et qu'en fin de compte, tout est soumis aux temps, aux mœurs et aux individus. L'expression et le dire de la foi ne seraient qu'approches de la foi et jamais certitudes.

A la limite, le danger de la première attitude serait de prétendre qu'en tirant l'écheveau des certitudes de foi, celui-ci se dévide sans discontinuité ni rupture : tout se tient de manière inséparable. L'erreur de la seconde attitude serait d'imaginer qu'en réunissant les morceaux de laine épars et disséminés, de couleur et de grosseur différentes, il serait possible de reconstituer, à la manière d'un habile prestidigitateur, une pelote homogène et sans nœud.

En conclusion, reconnaissons l'existence conjointe de ces deux attitudes croyantes sans les condamner : elles font partie de l'histoire de l'Église. Même si elles sont plus fréquemment dénoncées et opposées aujourd'hui [1], elles étaient déjà perçues par les lettres de Paul. Il les décrivait ainsi dans ses lettres :

« ***Or, la foi est*** **soutien** ***des choses espérées,*** **preuve** ***des réalités non vues. Par la foi, nous*** **comprenons** ***que les mondes ont été organisés par la parole de Dieu, en sorte que ce qui est vu n'est pas né de ce qui apparaît.*** »

(Hébreux 11, 1-4)

« ***Nous voyons en effet à présent à travers un*** **miroir,** ***en*** **énigme.** ***A présent, je connais de façon*** **partielle.** »

(1 Corinthiens 13, 12)

« ***Le bienheureux et unique souverain, le roi des rois et seigneur des seigneurs, habitant une lumière*** **inaccessible,** ***que*** **personne** ***des hommes n'a vu, ni ne peut voir.*** »

(1 Timothée 6, 15-16)

Dès lors se pose la question : qu'est-ce que croire ?

---

[1] Cf. Exhortation apostolique de Jean-Paul II du 16 octobre 1979, *La catéchèse en notre temps* (Le Centurion, 1979, 116 pages), § 60, pp. 91-93.

QU'EST-CE QUE CROIRE ?

La première question posée à ceux qui demandent le baptême est : « Que demandez-vous à l'Église ? ». La réponse est : la foi. Question et réponse suggèrent d'une part que la foi est un don, d'autre part que l'Église a en quelque sorte le monopole de ce don. La foi apparaît comme don de Dieu reçu par l'intermédiaire de l'Église et en Église.
L'Église se présente ainsi comme chargée de mission : annoncer aux hommes la Bonne Nouvelle révélée par Jésus Christ. Elle fait connaître cette Bonne Nouvelle, invite chaque homme à y adhérer, appelle à dire oui au Dieu révélé.
Dans cette démarche, l'Église reprend l'attitude de Dieu dans la Bible et de Jésus de Nazareth dans les évangiles. Dans la Bible, c'est en effet toujours Dieu qui prend l'initiative et appelle le premier : il se fait connaître à Abraham, se manifeste à Jacob, révèle son nom à Moïse à travers le buisson ardent, rappelle sans cesse à son peuple par l'intermédiaire de ses prophètes ce qu'il a fait pour lui. C'est enfin lui qui envoie son fils sur terre pour achever la révélation de son nom. Dieu fait sans cesse le premier pas.
Dans les évangiles, c'est aussi Jésus de Nazareth qui appelle Simon, André, Jacques, Jean (Marc 1, 16) : « Ce n'est pas vous qui m'avez choisi, c'est moi qui vous ai choisis » (Jean 15,16).
Le croyant n'est pas à l'origine de sa foi, de cette relation privilégiée à Dieu. L'appel premier vient de Dieu lui-même, de Jésus Christ, de l'Église : est croyant celui qui accueille Dieu comme quelqu'un qui se donne à lui. L'acte de croire n'existe que dans le cadre d'une alliance entre Dieu et l'homme.

JEAN PARLE-T-IL DE LA FOI DANS SON ÉVANGILE?

D'une part, il est à noter que le mot « foi » (en grec, *pistis*) ne se rencontre guère dans l'évangile selon Jean, alors que l'on trouve 93 emplois du verbe « croire » (en grec, *pisteuô*).
D'autre part, ce verbe « croire » a pour synonymes d'autres verbes qui sont tous des verbes de mouvement ou d'action, tels que « aller à », « venir à » (Jean 3, 20 ; 5, 40 ; 6, 35 ; 7, 37), « recevoir » (Jean 1, 12 ; 3, 11 ; 5, 43 ; 12, 48 ; 13, 20 ; 17, 8), « suivre » (Jean 8, 12 ; 10, 4-5 ; 13, 36).
Ces deux remarques soulignent le caractère actif et dynamique de la foi selon Jean. Dans sa pensée, la parole de foi n'est jamais simple formule exprimant des idées, elle est toujours inscrite dans des actes et des gestes. La foi selon Jean est un croire en acte.

Mais l'homme croyant n'en est pas pour autant passif : il engage sa responsabilité. Ceux et celles qui répondent à l'appel de Dieu ont conscience d'être, comme Abraham, dérangés et bousculés par Dieu. Le peuple hébreu quitte la sécurité, sans doute précaire, de l'Égypte pour se lancer dans l'aventure du désert (Exode 16, 3). Marie prend le risque d'être la mère de Jésus dont l'avenir est imprévisible (Luc 1, 38). Zachée met sa fortune en jeu (Luc 19, 8). Tout croyant se rend compte que sa vie est remise en cause, dès lors qu'il donne son adhésion à Dieu. Cela est sans doute moins évident pour ceux qui ont toujours vécu dans la foi chrétienne, mais les adultes qui se convertissent s'en rendent davantage compte : l'intrusion de Dieu dans une vie d'homme ou de femme change cette vie.

Le croyant n'est donc pas d'abord celui qui acquiert des connaissances sur quelqu'un ou quelque chose, mais celui

qui engage sa vie dans une pleine et totale confiance à Dieu. C'est dire qu'il prend des risques.
L'évangile selon Marc place l'appel des premiers disciples au début de la vie publique de Jésus (Marc 1, 14-20): signe de la primauté et de la priorité de Dieu. A l'inverse, l'évangile selon Luc place cet appel après les premières prédications de Jésus à Nazareth et Capharnaüm, sans doute afin de montrer que les disciples s'engagent en connaissance de cause, après une première découverte de la personnalité et de l'enseignement de Jésus (Luc 4, 14 - 5, 11). Cette double perspective révèle les deux aspects de l'acte de croire: Dieu appelle, l'homme prend connaissance et s'engage.

Ce serait ainsi une erreur de parler de la foi comme de quelque chose que l'on reçoit et que l'on doit conserver précieusement. Croire est un acte humain qui engage un style de vie et entraîne la personne tout entière à la suite du Christ. Le croyant entre dans une relation active avec Dieu, il accepte de se recevoir d'un autre et de se laisser modifier par lui, il accepte en même temps de se donner à ce Dieu qui se révèle à lui et fait alliance avec lui. Jeu de relations dynamiques et actives.

Le fantasme du « tout »

Pourtant, la « révélation » de Dieu est fréquemment présentée comme un « tout », ensemble de connaissances, convictions et croyances que les théologiens seraient chargés de maintenir, expliquer et présenter aux croyants. Catéchètes et catéchistes auraient à leur tour la mission de transmettre, de façon immuable et intangible, les vérités éternelles de la foi et de les rendre crédibles. Rien ne serait à modifier, puisque tout serait défini une fois pour toutes. Dans cette perspective, le croyant devrait tout accepter de la révélation, telle qu'elle est présentée, sans hésitation ni murmure, sans contestation ni critique.

Une telle conception se comprendrait si l'on n'envisageait la foi que dans son expression notionnelle. De fait, le contenu de la foi constitue un tout. Mais c'est négliger l'acte de croire, le croyant en acte de croire.
Est croyant celui qui se donne à Dieu, apprend peu à peu à le connaître, s'approprie progressivement cette relation. Cela exige du temps et se vit différemment selon chacun. Il n'est pas de recette universellement valable pour vivre en relation avec Dieu. S'il est donc possible de parler du contenu de la foi comme d'une totalité, l'acte de croire est toujours de l'ordre du personnel et du particulier : chaque croyant sera toujours unique dans sa relation à Dieu et sa démarche sera toujours limitée dans le temps et l'espace. Il est vain de rêver d'un acte de croire qui serait parfait.

Peut-on croire du premier coup ?

Certains convertis présentent leur changement de vie comme soudain, immédiat et total : un saint Paul sur le chemin de Damas (cf. Actes 22, 6 et 26, 13-19), un Paul Claudel à Notre-Dame de Paris le jour de Noël 1886. Sans doute, il y a eu forte intrusion de Dieu dans la vie de ces hommes, ils ont donné leur assentiment à Dieu dans un moment privilégié. Peut-on dire pour autant qu'ils aient adhéré à tout du premier coup ?

JE N'AI PAS CRU EN UN JOUR

« Ma foi a été complètement morte pendant des années : pendant douze ans (de 1874 à 1886), j'ai vécu sans aucune foi. Rien ne me paraissait assez prouvé. Je demeurai douze ans sans rien nier et sans rien croire, désespérant de la vérité et ne croyant même pas à Dieu, aucune preuve ne me paraissant évidente.
Aussitôt que je crus qu'il y avait un Dieu, je compris que je ne pouvais faire autrement que de ne vivre que pour Lui. Ma vocation religieuse date de la même heure que ma foi : Dieu est si grand, il y a une telle différence entre Dieu et tout ce qui n'est pas Lui.
Dans les commencements, la foi eut bien des obstacles à vaincre. Moi qui avais tant douté, je ne crus pas tout en un jour. »

Lettre de Charles de Foucauld adressée de la Trappe de Notre-Dame-des-Neiges à son ami Henry de Castries, le 14 août 1901.

L'apôtre Paul, qui était un Juif convaincu et croyant, est resté plusieurs années en Asie Mineure pour découvrir le mystère de Jésus Christ : il a vécu avec les premiers chrétiens, côtoyé les apôtres, progressivement éclairé sa foi. Avant le « coup de foudre » du jour de Noël, Paul Claudel n'était pas non plus ignorant des choses de la foi. Le converti a toujours tendance à marquer d'une « pierre blanche » le moment précis de son changement de vie, mais l'entrée dans la foi est toujours lente et progressive. Si, au cours des siècles, l'Église a tant insisté sur la nécessaire catéchèse, c'est qu'elle a expérimenté cette longue marche pour entrer dans le mystère de la foi.

Déjà les évangiles nous montrent combien les apôtres ont mis du temps à saisir le message de Jésus. Certes, ils avaient confiance en lui et il y avait des « moments de grâce » : après la multiplication des pains, à Jésus qui leur demande : « Et vous, n'avez-vous pas l'intention de me quitter ? », Pierre répond : « A qui irions-nous ? Tu as les paroles de la vie éternelle, nous croyons et savons que tu es le Saint de Dieu ! » (Jean 6, 67-69). Mais il y a aussi des moments de doute et d'incrédulité : après la résurrection, lorsque Jésus se présente au milieu d'eux et leur dit « La paix soit avec vous ! », c'est la peur et la crainte chez les apôtres ; Jésus leur dit : « Quel est ce trouble ? Pourquoi ces doutes en vos cœurs ? Voyez mes mains et mes pieds, c'est bien moi ! ». Et l'Évangile souligne : « Comme ils se refusaient encore à croire, il leur dit : Avez-vous ici quelque chose à manger ? » (Luc 24, 36-42). Jésus avait raison qui disait aux deux disciples d'Emmaüs : « Esprits lents à croire ! » (Luc 24, 25).

De la même façon, tout croyant est affronté un jour ou l'autre à un problème ou une situation difficile : il refuse tel aspect de la foi, péché et réconciliation lui posent question, la présence de l'Esprit dans le monde ne lui semble pas évidente, il éprouve difficulté à parler de la résurrection de la chair. Et quand il est demandé à des chrétiens, jeunes ou adultes, de rédiger leur profession de foi personnelle, beaucoup se trouvent désarmés ou pas prêts à signer tous les articles du Credo. Peut-on dire pour autant qu'ils ne croient pas et n'ont aucune relation à Dieu ?

Les inévitables remises en cause d'une vie

Plus particulièrement, la crainte de nombreux parents est de voir leurs enfants à l'âge de l'adolescence remettre « tout » en question, notamment leur foi. Crainte qui se double sans doute d'une peur pour eux-mêmes. Car s'ils entendent leurs enfants dire « avoir perdu la foi » qu'ils s'étaient efforcés de leur « transmettre », c'est leur propre comportement de croyant qui est remis en cause. A juste titre, ils se demandent : N'avons-nous pas fait fausse route pour nos enfants et pour nous-mêmes ?
La mort d'un enfant ou d'un jeune dans une famille peut engager une autre remise en cause de la foi : Qu'est-ce que j'ai fait à Dieu ? Ne pouvait-il empêcher ce départ ? Dans cette situation, le croyant se bat et se débat avec Dieu pour essayer de comprendre, à la manière de Job qui interroge Dieu sur le pourquoi de sa situation.
Par ailleurs, dans notre société où les opinions et croyances sont multiples et diverses, le croyant est sans cesse affronté aux questionnements de son entourage. Il ne peut rester enfermé sur lui-même, se boucher yeux et oreilles, refuser de partager les questions de ses parents, voisins ou amis. Il est « inévitablement » amené à remettre sa foi en question et à reposer des actes de croyant.

Précisons cependant. Les événements qui façonnent l'histoire d'un croyant ne changent pas pour autant le contenu de ses convictions et certitudes. Ce qui change, c'est la manière de s'approprier ce à quoi il croit et la façon d'en rendre compte aux autres et d'en vivre.
Lors de fêtes de profession de foi ou de confirmation, beaucoup de jeunes hésitent à prendre l'engagement d'être

chrétien toute leur vie. Ils ne savent pendant combien de temps ils croiront et craignent de faire une promesse qu'ils ne sont pas sûrs de tenir. Ils n'osent plus dire « Je m'attache à Jésus Christ pour toujours » ou chanter « Je passerai ma vie à dire à tous mes frères que tu es bon », car à voir leurs aînés, ils pressentent pour eux-mêmes les remises en cause d'une foi dont ils ne savent comment elle évoluera. Ils sont pourtant prêts à affirmer leur foi présente et leur désir de continuer à croire.

A relire l'histoire, on s'aperçoit que ceux et celles qui sont reconnus officiellement « saints » par l'Église ont affronté ces remises en question : Jean de la Croix, Thérèse de Lisieux. Même si, au nom d'une apologétique, on a cherché à embellir leur vie et à supprimer (ou nier) ces moments de doute et d'incertitude, ceux-ci n'en étaient pas moins réels. A décrire une vie de croyant dont doutes et incertitudes seraient absents et où « tout coulerait de source », on court le risque de présenter une sainteté non humaine. Ce n'est pas donner une fausse image de la sainteté que de montrer que les saints ont eu aussi leurs crises de foi et moments de dépression. C'est la situation normale de tout être croyant.

Être croyant, c'est s'approprier des « croire » successifs

« Lorsque j'étais enfant, écrit l'apôtre Paul, je parlais comme un enfant, je pensais comme un enfant, je raisonnais comme un enfant. Quand je devins homme, j'ai fait disparaître ce qui était de l'enfant » (I Corinthiens 13, 11).

La pratique catéchétique évolue actuellement entre deux tendances. L'une insiste sur les contenus notionnels de la foi et se préoccupe de transmettre et faire apprendre l'essentiel du message chrétien. L'autre met l'accent sur l'acte de croire et introduit l'enfant (ou le jeune) dans une démarche croyante qui engage sa vie.

La première tendance est née en Occident il y a quelques siècles, à l'époque où tout le monde était censé être chrétien de par son milieu de vie ; elle visait à offrir aux enfants les connaissances dont ils auraient besoin une fois devenus adultes ; il fallait ainsi « tout leur donner » avant la communion solennelle, pendant qu'ils fréquentaient encore l'Église.

CROIRE OU AVOIR LA FOI ?

L'expression « avoir la foi » évoque quelqu'un qui voudrait s'approprier ou s'accaparer un objet pour le posséder jalousement. Mais la foi n'est pas un objet dont on pourrait se saisir et que l'on pourrait posséder. Ce serait envisager la foi comme une chose située loin de l'homme et sur laquelle celui-ci pourrait « mettre le grappin ».
Le verbe « croire » n'est pas équivoque. Il évoque une relation entre deux personnes. Le rapport ne s'établit plus de sujet à objet, mais de sujet à sujet. Croire, c'est se situer comme personne en face d'une autre personne.
Entre les deux personnes s'établit une communication faite de reconnaissance et de confiance mutuelles. Sans que l'une veuille « posséder » l'autre.

La seconde tendance se fait jour depuis une trentaine d'années et propose aux enfants d'entrer dans une démarche et une recherche. Partant du fait que la foi n'est plus aujourd'hui « évidente », elle invite à une pédagogie active de la démarche croyante. Au fur et à mesure de leurs découvertes personnelles, les enfants sont appelés à vivre en croyants et à dire ce que signifie pour eux croire. La démarche croyante d'un enfant de dix ans n'est pas identique à celle d'un jeune de quinze ou vingt ans. Au cours de leur croissance, l'enfant, l'adolescent, le jeune vivent des « croire » différents. Chacun fait sa propre expérience et y a droit : croire en un Dieu Père ne se dit pas et ne se vit pas de la même façon selon que l'on est enfant, adolescent en crise ou jeune adulte découvrant sa propre paternité. C'est pourtant le même Dieu Père avec qui le croyant est en relation. La foi personnelle se fait par l'appropriation de « croire » successifs.

Ce qui est vrai pour le jeune est vrai pour l'adulte. Comportements croyants et « croire » se modifient et évoluent selon les expériences qui jalonnent la vie. Chacun est plus sensible à telle donnée de foi ou davantage interpellé par telle autre ; celui-ci sera en accord avec l'Église sur tel point, celui-là en tension ; au long de la vie les points d'accord ou de tension changeront. Le croyant avance ainsi d'acte de foi en acte de foi, d'une période paisible à une période difficile, d'une étape où il acceptera la pensée de l'Église à une autre où il la contestera. La foi est cheminement.

La foi n'est pas hors de la culture et de la vie

Il faut enfin préciser que la culture ambiante et l'âge mettent le croyant en plus ou moins grande affinité avec certaines dimensions de la foi. On peut rappeler qu'au XIXe siècle, avec le courant rationaliste, les miracles dans la Bible « gênaient » beaucoup les croyants : ils ne savaient comment les « expliquer » à leurs adversaires. Plus proches de nous, les mouvements de jeunesse ont beaucoup insisté sur une présentation du Christ considéré comme le « grand frère universel » ou le « modèle à suivre ». Aujourd'hui, dans le contexte socio-culturel de guerre, de dépendance ou d'exploitation, le croyant est plus sensible à une théologie de la libération et à une lecture de la Bible qui met en valeur un Dieu libérateur. Le croyant ne vit ni hors du temps, ni hors de son temps.

En définitive, qu'est-ce que croire ? C'est donner son adhésion à une personne, Jésus Christ, qui révèle Dieu comme Père, transmet le message d'amour de ce Dieu Père et invite tout homme à vivre ce message à la lumière de l'Esprit. Comme toute relation, une telle adhésion se vit au jour le jour, avec des périodes d'heureuse harmonie et d'autres de tension. Entendre le message dans sa totalité et le vivre dans sa plénitude ne sont pas choses faciles, mais ce sont les deux composantes de l'acte de croire. « Heureux ceux qui écoutent la parole de Dieu et la mettent en pratique... » (Luc 11, 28).

ABRAHAM OU L'ITINÉRAIRE D'UN CROYANT

Aucun peuple n'existe sans origine et sans chercher cette origine dans un ancêtre fondateur. Dans la Bible, lorsque le peuple hébreu raconte l'histoire de ses origines, c'est à Abraham qu'il se réfère comme celui à qui Dieu s'est révélé pour la première fois dans son histoire. Abraham est présenté par les écrivains bibliques comme leur « père dans la foi ». Il a été ensuite reconnu par la postérité comme le « père de tous les croyants ».

Le récit de l'aventure d'Abraham est écrit au Xe siècle environ avant Jésus Christ, quelque deux cents ans après que le peuple hébreu soit sorti d'Égypte (vers 1250 avant Jésus Christ). Mais avant d'être mis par écrit, ce récit avait d'abord été porté par une longue tradition orale, transmise de génération en génération pendant des siècles : de père en fils, on se racontait l'histoire des aventures d'Abraham. Cette histoire est pourtant aussi écrite à la lumière de la propre expérience de vie et de foi de ce peuple hébreu, nomade et croyant. Abraham est pour ce peuple le croyant idéal, celui à qui il s'identifie, parce que tous deux — le peuple et Abraham — ont vécu au cours de leur existence des événements semblables. L'histoire de leur père dans la foi, c'est un peu pour le peuple sa propre histoire d'errances et de cheminements incertains vers Dieu. La communauté croyante hébraïque dit sa foi en faisant le portrait de celui qu'elle reconnaît comme le premier croyant. Relire l'aventure de foi d'Abraham, c'est pour les auteurs bibliques relire en même temps leur propre expérience de foi à la lumière de la première expérience de leur « père ».

Lorsque nous pensons à cette histoire d'Abraham, (racontée au livre de la Genèse, chapitres 12 à 25), des impressions viennent à l'esprit : cet homme quitte son pays et sa parenté pour répondre à l'appel de son Dieu ; sa femme âgée, Sara, enfante un fils ; le sacrifice d'Isaac est arrêté à temps par la main de Dieu ; Dieu lui promet une descendance nombreuse comme les étoiles du ciel...
Puisées dans le patrimoine culturel, ces images évoquent des anecdotes lointaines. Mais au-delà de l'anecdote, on peut trouver le sens des événements, ce qu'ils disent du

Dieu d'Abraham, du Dieu du peuple hébreu, et percevoir le message transmis par un peuple de croyants.

QUI ÉTAIT ABRAHAM ?

A poser cette question, on a dans l'esprit cette idée : si je peux être sûr, historiquement, de l'existence d'Abraham, je peux croire ce qui m'est raconté de lui.
Au début du deuxième millénaire avant Jésus Christ, existaient des tribus nomades qui parfois se sédentarisaient, chassant de leurs terres les clans établis qui, à leur tour, se déplaçaient. Abraham a pu être l'un de ces chefs de clans semi-nomades, éleveurs de petit bétail, qui devaient pour survivre s'organiser et se structurer.
Mais l'important est sans doute moins de savoir qui était Abraham que de saisir comment le peuple d'Israël a reconnu peu à peu dans ce personnage le symbole de sa propre histoire de foi : ses appels, ses choix, ses doutes, ses remises en marche, sa confiance en un Dieu qui fait vivre sont l'expérience même de tout un peuple.

Abraham s'en va

« Le Seigneur dit à Abraham : Quitte ton pays, ta parenté et la maison de ton père pour le pays que je t'indiquerai. Je ferai de toi un grand peuple, je te bénirai, je rendrai grand ton nom, sois en bénédiction. Je bénirai ceux qui te béniront, je maudirai qui te maudira. En toi seront bénies toutes les familles de la terre. Abraham partit comme le Seigneur le lui avait dit. » (Genèse 12, 1-4).
La tendance spontanée est de comprendre cet événement de manière simpliste : Dieu impose, l'homme se plie, seule compte la volonté de Dieu. Mais s'agit-il d'une relation

entre quelqu'un qui commande et quelqu'un qui obéit ? d'un rapport entre un Dieu qui appelle à se mettre en route et un homme qui part ?

Dieu dit. Que fait Abraham ? Il part. Pas de discours, il agit. Mais entre l'invitation de Dieu et la réponse d'Abraham, il y a des paroles pleines de sens pour Abraham et le peuple hébreu : c'est la promesse de Dieu qui déclare : « Je ferai de toi une grande nation » et c'est la « bénédiction », répétée cinq fois.

Dieu n'est pas présenté comme le Tout-Puissant intervenant de façon autoritaire. C'est un Dieu qui fait confiance à l'homme : il appelle Abraham pour qu'il devienne le propre artisan de son histoire. C'est un Dieu qui veut du bien à son peuple : « Je te bénirai, sois en bénédiction ». Le sens de ce mot « bénédiction » est à comprendre selon son étymologie (en latin, « bene-dicere »), « dire du bien de ». Dieu propose à Abraham d'être à l'origine d'un peuple qui sera reconnu comme bon et dont on « dira du bien », parce qu'il apportera au monde la révélation de Dieu. Abraham relève le défi, il quitte ses attaches terriennes et familiales, il part.

Le peuple hébreu reconnaît Abraham le nomade comme père du peuple des croyants. A l'époque où le récit est écrit, les Hébreux se sont « installés » : ils sont devenus des sédentaires, ils ont une terre, un roi, une loi. Le risque est grand de former une société profane, sans Dieu. Ils se souviennent alors que Dieu est celui qui dépossède, met à part, marche avec son peuple. Ils se souviennent de la promesse faite par Dieu à Abraham : donner une terre à son peuple ; mais c'est Dieu qui donne, rappellent les auteurs bibliques à un peuple toujours tenté de se croire seul et unique producteur de son histoire.

Abraham a cru en Dieu : il entend un appel, reçoit une promesse, part, acceptant d'être choisi, mis à part et envoyé en mission pour fonder un peuple qui « dira du bien » de Dieu et dont on « dira du bien ». Il ne sait où cela va le mener, mais il se met en route, il ose, il se risque.

> Pour Abraham, croire, c'est entendre un appel à la vie et répondre à une proposition de se mettre en route, sans savoir où il va.

Pour quels mérites Abraham fut-il élu ? La Bible ne dit pas si cet homme choisi par Dieu était plus juste, plus saint ou plus parfait que d'autres. Il semble que compte prioritairement pour Dieu la disponibilité de celui qu'il choisit, sa capacité à se libérer de ses attaches. Car si Dieu appelle, l'homme garde l'initiative de sa réponse : libre à lui de devenir acteur avec Dieu !

> Le Dieu du peuple hébreu est un Dieu qui, en faisant irruption dans la vie de l'homme, lui ouvre un avenir et le rend co-producteur de son histoire.

Tout n'est cependant pas joué par ce « oui » spontané et actif du départ. Le parcours de sa vie de croyant ne se déroule pas pour Abraham selon une ligne droite tracée à l'avance. Comme pour le peuple hébreu, sa relation à Dieu va se vivre, d'étapes en étapes, à travers une suite de certitudes et de doutes et dans les événements d'une vie mouvementée. Inlassablement, on le verra bousculé, mais repartir confiant. A chaque fois, le message sera le même : Dieu marche à ses côtés, Abraham lui fait confiance.

Dieu fait alliance avec Abraham

A la suite d'un épisode guerrier où Abraham et son clan se trouvent mêlés (Genèse, chap. 14), à nouveau Abraham se retrouve en présence de Dieu. « Ne crains pas, dit celui-ci, je suis ton bouclier, ta récompense sera grande ». Abraham s'étonne : « Que me donnerais-tu, Seigneur ? Je m'en vais sans enfant ! » Mais Dieu renouvelle sa promesse antérieure : « Contemple le ciel, compte les étoiles si tu le peux ! » Abraham fait confiance à Dieu et, pour cela, Dieu le considère comme juste (Genèse 15, 1-6).

En peu de mots, les auteurs bibliques relèvent la ligne de conduite d'Abraham : il fait confiance à Dieu. Ce sera la loi et la règle de sa vie. Selon la racine hébraïque du mot « croire » qui signifie en hébreu « tenir fermement », Abraham prend ses assurances sur Dieu et s'appuie sur lui, sûr de son Dieu. Cela révèle l'expérience de croyants — Abraham et le peuple d'Israël — qui ne s'appuient pas sur un simple sentiment religieux.

Parce qu'Abraham croit en Dieu, celui-ci le considère comme juste. Mais la justice n'est pas pour les Hébreux cette équité symbolisée par une balance, avec sous-entendus de comptes et de marchandages ! Dieu est dit juste, parce qu'il est fidèle à sa promesse et son alliance : il « tient » ses promesses et poursuit son dessein de salut envers l'homme. L'homme est dit juste, lorsqu'il demeure fidèle à son alliance avec Dieu et accomplit la loi de Dieu. Mais pour Abraham qu'est-ce qui le rend juste ? quelle est la loi qui règle sa vie ? c'est sa confiance inébranlable envers Dieu : il croit malgré tout. C'est ce que soulignent les auteurs bibliques : Voyez cet homme, disent-ils, ils vient de vivre des combats au cours desquels il a oublié Dieu ; il est en pleine incertitude sur son avenir et sa descendance, alors que son avenir repose sur cette nécessaire descendance ; malgré tout, dans le doute il garde confiance, dans l'obscurité il tient ferme.

Et c'est alors que se conclut l'alliance définitive entre Dieu et Abraham. Selon le rituel des peuples anciens, les animaux sacrifiés sont coupés en deux et chacun des contractants passe au milieu. Abraham prépare les victimes pour sceller l'alliance, mais seul Dieu passe au milieu, sous les symboles « d'un four fumant et d'une torche de feu », tandis que tombent sur Abraham « terreur et épaisse ténèbre » (Genèse, 15, 7-17). Image qui évoque un Dieu s'engageant personnellement.

> Le peuple hébreu fait confiance à Dieu, dans la certitude que Dieu est présent au cœur de son histoire comme au cœur de la vie d'Abraham.

Abraham est mis à l'épreuve

Le combat du croyant Abraham se poursuit à travers des épreuves. Les péripéties et embûches qu'il traverse jusqu'à la naissance d'Isaac, le fils de la promesse, sont nombreuses (Genèse, chap. 16 à 21).

Un premier fils, Ismaël, lui était né. Sara, sa femme, avait — comme le prévoyait la coutume de l'époque — choisi une servante égyptienne, Agar, pour enfanter à sa place. L'affaire tourne mal : la servante devient fière et méprise sa maîtresse. Abraham doit intervenir pour faire respecter le droit de l'époque : cet enfant attendu par Agar appar-

tient juridiquement à Sara. Maltraitée, Agar s'enfuit, éloignant le fils attendu. Le projet d'Abraham d'avoir ainsi un fils est déjoué. Le voilà une fois de plus dans l'obscurité : Sara est trop âgée pour enfanter, tout est remis en cause.
Dieu se manifeste alors de nouveau. Tout redevient possible, à condition qu'on lui fasse confiance : « C'est moi le Dieu puissant, marche en ma présence et sois parfait » (Genèse 17, 1). La dynamique de la foi des Hébreux tient dans ces mots : Dieu n'est pas au bout des arguments des hommes, pas plus qu'il n'est enfermé dans des rites. Dieu est présent à des hommes en marche et c'est au cœur de l'histoire d'un peuple qu'il se révèle.
Là encore, Dieu propose et invite Abraham à agir. Abraham accepte : il s'engage et signe dans sa propre chair son alliance avec Dieu. Par la circoncision, il manifeste son appartenance à Dieu et met sa personne tout entière au service de Dieu (Genèse 17, 3-14).

Demeure un dernier obstacle à la naissance du fils de la promesse : c'est l'incrédulité de Sara. Au cours de la visite de mystérieux personnages, qui représentent Dieu et annoncent à Abraham la naissance d'Isaac, Sara qui doute à cause de son âge avancé se met à rire. Dans la réponse faite par Dieu à Sara, les auteurs bibliques soulignent ce qui est expression de leur foi et fait vivre : « Y a-t-il rien d'impossible à Dieu ? Sara aura un fils » (Genèse 18, 1-14).
Tout est maintenant simple pour l'accomplissement de la promesse. La descendance d'Abraham est assurée. Toutefois, avant de relater la naissance d'Isaac, le récit rapporte un étonnant épisode : l'intervention d'Abraham auprès de Dieu en faveur des villes de Sodome et Gomorrhe. L'intention des auteurs est, semble-t-il, de montrer Abraham, l'élu et l'ami de Dieu, osant contrer Dieu et lui rappeler qu'un petit nombre de justes a plus de valeur qu'une majorité de coupables. Sans doute n'aura-t-il pas gain de

cause, mais sa longue plaidoirie révèle une qualité de relation avec Dieu empreinte de tendresse et de miséricorde.

Dieu peut compter sur Abraham

Enfin naît Isaac. Mais une ultime épreuve attend Abraham, incompréhensible à notre mentalité contemporaine : Dieu lui demande le fils qu'il vient de lui donner.
S'il était courant à l'époque de sacrifier les premiers-nés des animaux et même des humains en signe de remerciement aux divinités ou d'expiation pour apaiser leur colère, ce Dieu qui demande à un père de sacrifier son unique fils apparaît scandaleux. Pourquoi les auteurs bibliques ont-ils rapporté en détail et avec une intensité dramatique cette terrible épreuve dont tout le monde connaissait l'heureuse issue ? (Genèse chap. 22).
Sans doute était-il nécessaire d'insister sur l'aspect radical de la foi, de retracer la terrible expérience d'une traversée des ténèbres pour déboucher sur la lumière, de se souvenir que l'homme ne doit jamais se croire propriétaire de ce que Dieu lui a donné. Il était indispensable de rappeler ces données de foi pour que le peuple ne s'endorme pas dans une religion statique et sans souffle.

La demande de Dieu à Abraham est en effet radicale. Par-delà le fils réclamé, c'est l'attente d'Abraham qui est en jeu et sa fidélité à Dieu. La mission pour laquelle il avait accepté de tout quitter et de se mettre en route est ici remise en cause. Dieu l'aurait-il trompé ? Une fois de plus, il part. La marche dure trois jours. Longue marche d'inquiétude et d'incertitude, en écho à la marche des Hébreux pour sortir d'Égypte.

Pas de révolte cependant chez Abraham. Une étonnante sérénité. A la question d'Isaac « Où est l'agneau pour l'holocauste ? », Abraham répond : « Dieu y pourvoira » (Genèse 22, 7). Toute la foi d'un peuple est dans ces mots : dans les moments les plus difficiles ou au plus noir du doute, se dire que Dieu est quand même présent et qu'il précède l'homme.

Sacrifice d'Isaac ou sacrifice d'Abraham ?

De fait, Dieu pourvoit, mais non de la façon dont le prévoyait Abraham. Au moment d'immoler son fils, par deux fois Dieu l'appelle. Sa réponse est identique aux précédentes : « Me voici ! ». Dès lors, Dieu se révèle pleinement : à celui qui était prêt à faire le sacrifice parfait en lui offrant ce qu'il avait de plus cher, Dieu révèle qu'il veut pour lui la vie. Le Dieu d'Abraham est le Dieu qui veut l'homme libre et créateur de vie.
Mais pourquoi Dieu a-t-il voulu s'assurer qu'Abraham était capable de cette ultime marque de confiance ? La leçon est rude, mais au moment où le peuple d'Israël recherche et fonde les origines de sa foi, il semble important aux auteurs bibliques de redire l'essentiel de cette foi : toutes les bonnes choses que l'homme possède (son fils unique, héritier de la promesse, pour Abraham — une terre d'abondance pour le peuple d'Israël), sont des dons faits par Dieu à l'homme ; en particulier, maintenant qu'Abraham a « éprouvé » au plus intime de lui-même et dans un acte douloureux sa foi en Dieu, il n'oubliera plus jamais que ce fils lui a été donné par Dieu pour fonder le peuple de Dieu. Les Hébreux n'avaient que trop l'expé-

rience de périodes de leur histoire où, la vie devenant facile, ils s'endormaient et négligeaient de vivre en présence de Dieu. Le récit du sacrifice d'Isaac et de la foi d'Abraham était fait pour leur rappeler que Dieu est à l'origine de toute vie et de tout bien.

La fin de l'épisode montre Abraham offrant en sacrifice un bélier. Ce n'est plus l'agneau, symbole d'Isaac, mais le bélier géniteur, symbole de la paternité. Pour qu'Isaac devienne porteur de la bénédiction divine et engendre à son tour, il faut qu'Abraham passe lui-même par la « mort » de sa propre paternité et renonce à son propre fils, héritier direct des promesses de Dieu. Il y a ainsi toujours sacrifice, non plus d'Isaac, mais d'Abraham lui-même qui accepte que son fils prenne devant Dieu sa place.

Enfin, Dieu rappelle sa promesse en relation avec l'événement du sacrifice : « Parce que tu as fait cela et que tu n'as pas épargné ton fils unique, je m'engage à te bénir et à faire proliférer ta descendance autant que les étoiles du ciel et le sable au bord de la mer » (Genèse 22, 16). Abraham peut compter sur Dieu, Dieu peut compter sur Abraham. A sa suite, tout un peuple continuera cette vie de relation à Dieu.

A reprendre la question posée au départ de ce chapitre — Faut-il pencher pour le « tout ou rien » ou préférer le « pas à pas » ? — une réponse se fait jour après l'itinéraire suivi par Abraham : n'est-ce pas un continuel va-et-vient entre les deux attitudes qui a fait avancer Abraham et le peuple hébreu dans la foi ? N'est-ce pas sur un appel radical et inconditionnel qu'il s'est mis en marche ? N'est-ce pas dans la totalité d'une foi englobant toute sa vie qu'il est allé jusqu'au bout de l'épreuve ? N'est-ce pas au fur et à mesure des événements de sa vie qu'il a découvert ce Dieu

en qui il avait mis sa confiance et le sens que prenaient pour lui les actes de sa vie ?
Et si, au moment où il devient sédentaire, le peuple hébreu écrit son histoire en prenant Abraham le nomade pour père fondateur, c'est qu'il pressent de manière vitale que, pour lui-même, l'enjeu de la foi est dans une manière de vivre.

> Peut-être y a-t-il en chacun de nous un Abraham qui s'ignore ? C'est-à-dire une partie de nous-mêmes qui pousse à ne jamais s'installer dans des certitudes définitives, une envie intérieure de ne pas posséder Dieu comme un trésor, en même temps qu'un besoin de s'appuyer sur quelqu'un qui nous « veut du bien » et nous désire libres, sans chaînes, prêts à multiplier la vie. Peut-être, comme Abraham, sommes-nous aussi partants pour rendre visible aux yeux de notre entourage une manière de vivre qui parlerait de Dieu ?

AUTRES QUESTIONS, QUELQUES RÉPONSES

Est-ce que le Credo dit tout de la foi de l'Église ?

Spontanément, le chrétien pense que le Credo proclamé au cours de la célébration eucharistique rassemble, en un seul texte et de façon définitive, toute la foi de l'Église professée depuis ses origines. Ceci est inexact : si ce Credo exprime de fait l'essentiel de la foi, il ne déploie cependant pas le tout de la foi de l'Église.

Des manques

Dans ce Credo, des aspects importants de la foi de l'Église ne sont pas explicitement mentionnés, par exemple l'Eucharistie (même si ce Credo est généralement proclamé au cours de la célébration eucharistique).
Par ailleurs, il faut préciser que, sous la forme du « symbole des apôtres », le Credo constitue, depuis les premiers siècles jusqu'à aujourd'hui, la profession de foi du nouveau croyant qui va être baptisé. Ce n'est qu'après le baptême que les nouveaux chrétiens sont instruits des sacrements.

Un Credo situé dans l'Histoire

Le texte du Credo le plus utilisé dans la liturgie date dans sa forme actuelle de 451 (Concile de Chalcédoine), mais les premières formules analogues à celles d'aujourd'hui remontent aux Conciles de Nicée (325) et de Constantinople (381) et sont marquées par les luttes sur la christologie.
Déjà, dans le Nouveau Testament, on peut trouver des textes qui étaient des professions de foi utilisées dans les liturgies des premières communautés chrétiennes (cf. Actes 2, 22-26 ; Romains 10, 9 ; 1 Corinthiens 15, 3-5 ; Philippiens 2, 6-11 ; 1 Thessaloniciens 1, 10).
Il aura ainsi fallu plus de trois siècles pour que l'Église trouve progressivement une formulation qui exprime l'essentiel de la foi. C'est dire qu'il faut du temps pour déceler, rendre compte et expliciter la richesse et la nouveauté de l'événement Jésus Christ.

Des balises de sécurité

A vrai dire, toute formulation de Credo est à situer dans l'Histoire : il est rédigé en fonction des interrogations des communautés chrétiennes d'une époque donnée. Face à ce qu'elles estimaient erreurs ou hérésies, les communautés chrétiennes ont été amenées à préciser ce qu'était la foi chrétienne et donc à délimiter le « champ chrétien ». Les énoncés du Credo permettaient d'établir les bornes et limites — les « balises de sécurité » — au-delà desquelles on sortait de la communion ecclésiale.

Le Credo exprime ainsi la foi de l'Église. Il ne faut pas oublier cependant que, si elle est nécessaire, la formulation demeure en deçà de l'expérience de foi et de la connaissance qu'elle engendre. Aussi importante que soit une formulation pour déterminer la foi, l'éveiller ou en contrôler le contenu objectif, elle demeure insuffisante, si elle n'est pas reliée à une expérience vivante de foi.

Pour prendre la route, cartes, poteaux indicateurs et garde-fous sont utiles. Mais ils ne sont pas la route et ne constituent pas le cheminement sur la route. Croire, c'est se mettre en route et marcher à la rencontre de Dieu. La foi débordera toujours les énoncés de la foi.

Des mots d'hommes

Le Credo est un texte écrit par des hommes. Si l'expérience qu'il reflète est définitive aux yeux des chrétiens, les mots employés sont des mots d'hommes, donc limités et partiels.

Aucun terme ne saurait en effet épuiser le mystère de Dieu, ni enclore sa présence. Les formules sont des médiations qui expriment les choses le moins mal possible, mais l'énoncé ne peut exprimer l'expérience qu'il prétend refléter. De la même façon, nous prenons conscience de cette distance, dès que nous voulons traduire avec des mots l'expérience d'une rencontre passionnée avec quelqu'un : les mots manquent pour exprimer ce que l'on a ressenti. Il en est de même dans l'énoncé de la foi chrétienne.

L'énoncé de la foi sera ainsi toujours inadéquat à son

objet. Cela ne signifie pas que cet énoncé soit faux, mais qu'il est incapable d'exprimer totalement la vérité de Dieu. Heureux écart qui empêchera toujours un énoncé de la foi de se clore sur lui-même !

Enfin, il faut préciser que tout langage est daté et situé : il appartient à une culture donnée et ne peut prétendre à l'universel. Les mots peuvent changer de sens au cours de l'Histoire et l'on ne peut non plus faire fi des frontières culturelles.

Un symbole de reconnaissance

Une des formes du Credo est appelée le « Symbole des Apôtres ». Ce mot « symbole » évoque un moyen d'identification : il rappelle l'objet brisé en deux parties dont les Anciens se servaient pour identifier leur message ; quand l'étranger arrivait, il donnait une partie de l'objet et, si celle-ci s'ajustait à la partie de l'hôte qui l'accueillait, c'était signe qu'il était le porte-parole attendu. Ainsi les chrétiens s'identifiaient les uns aux autres en se reconnaissant mutuellement dans la récitation de Credos identiques.

Faut-il tout dire avant la profession de foi ?

Des parents venant inscrire leur enfant au catéchisme posent fréquemment aux responsables la question suivante : « Est-ce que vous leur donnez bien tout ? ». D'autres, devant des méthodes catéchétiques qu'ils n'ont pas connues, disent : « On ne leur apprend plus rien, ils ne savent rien ! ». Certains catéchistes pensent aussi, sans le dire tout haut : « Il faut leur donner du solide tant qu'on les a sous la main, parce qu'après la communion solennelle, on ne les verra plus ! ».

Deux raisons peuvent expliquer ces réactions de parents ou de catéchistes.
La première raison est le désir de proposer aux enfants ce dont ils ont besoin pour « réussir » leur vie chrétienne : il faut leur donner toutes les chances de connaître Jésus Christ et de vivre en chrétiens, il faut qu'ils puissent choisir librement de vivre en chrétiens. La catéchèse doit donc leur fournir « tous » les éléments nécessaires en vue de ce choix.
La seconde raison provient d'une inquiétude face aux changements qui s'opèrent actuellement dans la catéchèse en France et dans le monde. Depuis le Concile de Trente (1552-1565), le catéchisme était conçu comme un « petit résumé de la doctrine chrétienne à l'usage des enfants ». Mais présenté d'une manière intellectuelle et sans exemples concrets, il était difficilement compréhensible pour des enfants de 8 à 12 ans.

Dans son exhortation apostolique sur *La catéchèse en notre temps* du 16 octobre 1979, le pape Jean-Paul II dit : « Cette doctrine n'est pas un corps de vérités abstraites, elle est communication du mystère vivant de Dieu » [1]. La même année, lors de leur assemblée plénière à Lourdes, les évêques de France proposaient dans la même ligne : « La catéchèse s'enracine dans la profession de foi d'une communauté d'Église, elle conduit à une profession de foi en respectant le cheminement de l'enfant, elle communique un message qui n'a pas en elle son origine, elle doit permettre aux enfants de faire l'expérience de la vie chrétienne au concret de leur existence et dans la vie ecclésiale » [2].

---

[1] Exhortation apostolique *Catechesi tradendae,* Le Centurion, 1979, § 7, p. 13.
[2] *La catéchèse des enfants: Texte de référence,* Conférence épiscopale française, Lourdes 1979, Le Centurion, 1980, § 211, pp. 28-30.

Deux demandes différentes sont ainsi faites à la catéchèse. La première demande de certains parents et catéchistes est de souhaiter pour les enfants des connaissances intellectuelles solides, afin que ceux-ci puissent connaître leur foi et approfondir leur religion. Un tel désir est normal au sein d'une famille chrétienne où l'enfant peut découvrir la vie chrétienne par le témoignage de foi de ses parents. La catéchèse permet alors une foi que l'enfant voit vivre et qu'il peut lui-même vivre chaque jour en famille. Cependant, le danger est de ne demander à la catéchèse que des connaissances notionnelles ou des vérités abstraites.
La seconde demande, formulée par d'autres parents et catéchistes, est inverse. Il est demandé à la catéchèse de permettre aux enfants de découvrir leur foi et d'apprendre à la vivre, alors même que ces enfants baignent dans un climat d'indifférence religieuse de plus en plus grand. Un exemple : 85 % des Français disent être catholiques, mais 35 % seulement croient que Jésus Christ est ressuscité. Dans cette situation, le souhait est que la catéchèse accompagne les enfants dans leur démarche personnelle de foi et les conduise à une profession de foi authentique.

Ne retenir qu'une seule de ces deux attitudes serait insuffisant, vouloir les opposer serait dangereux. Entre les deux demandes, il n'y a pas opposition, mais complémentarité. Le but de la catéchèse est de former des croyants vivants, c'est-à-dire de préparer enfants et adolescents à dire personnellement « je crois » et de les aider à vivre authentiquement en chrétiens. Cette ambition ne se réalise pas facilement : à trop nourrir une plante en lui donnant trop d'engrais, on risque de la tuer ; à l'inverse, à la sous-alimenter, on court le même danger de mort par manque de vitamines. La nourriture, comme la parole, est toujours à adapter à l'âge. L'apôtre Paul le disait : « Lorsque j'étais enfant, je parlais en enfant ; une fois devenu

homme, j'ai fait disparaître ce qui était de l'enfant » (I Corinthiens 13, 11).
La question à se poser ne serait donc pas « Faut-il tout dire ? », mais plutôt « Qu'est-ce qui est actuellement à dire pour que l'enfant puisse vivre selon son âge en croyant ? ». Question de diététique pour une catéchèse nourrissante !

Quand on doute, est-ce qu'on a encore la foi ?

Selon que l'on envisage l'une ou l'autre des deux attitudes décrites au début de ce chapitre, la réponse à cette question est différente.
Si l'on considère la foi comme un savoir homogène, indivisible et immuable, le moindre doute sera ressenti comme une fissure dans l'édifice, risquant de démolir l'ensemble des certitudes et convictions.
Si l'on considère à l'inverse l'acte de croire comme une démarche avec avancées et reculs, lignes droites et virages, le doute ne paraît pas incompatible avec la foi. Car dans cette perspective, croire, ce n'est pas tout savoir. Celui qui sait s'appuie sur des faits et documents qu'il peut montrer, sur des preuves et convictions qu'il est en mesure de justifier. Celui qui croit est au contraire dans l'impossibilité de démontrer ce qu'il croit : il fait confiance à Dieu, mais celui-ci n'est pas un objet de connaissance que l'on pourrait rejoindre et saisir. Dieu n'est pas l'Amérique de Christophe Colomb !

Pour donner suite à cette question, plusieurs aspects sont à prendre en compte.
— On peut d'abord dire que, jusqu'à une époque relativement récente — le milieu du XXe siècle —, les chré-

tiens ont cru en Dieu en faisant pleine confiance à l'Église. Il y avait ceux qui savaient — Pape, évêques, prêtres et théologiens — et ceux qui ne savaient pas, les « simples » fidèles (ainsi que disait le catéchisme). Dogmes et énoncés de foi étaient présentés comme parfaits, immuables et définitifs. La foi était de l'ordre de l'évidence personnelle et collective, de sorte que toute forme de doute était jugée suspecte et rejetée comme dangereuse pour la vie chrétienne. Cela rassurait tout le monde : ceux qui savaient comme ceux qui ne savaient pas étaient sécurisés dans leur foi.

— Depuis une trentaine d'années, les changements de société ont transformé le paysage chrétien. L'évidence a changé de camp : ce ne sont plus les incroyants ou les non-croyants qui provoquent l'étonnement, mais les croyants. Croire ne paraît plus évident. De ce fait, beaucoup de croyants refusent de faire aveuglément confiance à ceux qui prétendent savoir. Chacun veut comprendre par lui-même et, dans cette recherche, le doute joue souvent un rôle dynamisant : il permet de mieux voir les ombres et les lumières, pousse à approfondir la lecture des évangiles, incite à interroger les dogmes et vérités révélées, invite à faire davantage la vérité sur sa propre vie.

— Par ailleurs, si croire, c'est — comme Abraham — faire confiance à Dieu et se fier à sa fidélité, cela suppose que l'on s'interroge sur les lieux de rencontre de Dieu. Sans doute, le rêve de tout croyant serait de faire l'expérience immédiate d'une rencontre directe avec Dieu, dans un face-à-face lumineux. Mais Dieu lui-même a refusé ce privilège à Moïse (Exode 33, 20). Et le témoignage des premières communautés chrétiennes manifeste aussi l'illusion d'une telle conception : « Nul n'a jamais vu Dieu, dit l'apôtre Jean, le fils unique qui est dans le sein du Père, celui-là l'a fait connaître » (Jean 1, 18). Dieu étant directement insaisissable, il est donc normal que l'on puisse parfois douter de sa présence et de son action.

— Enfin, le témoignage des mystiques chrétiens que l'on ne peut soupçonner d'incroyance révèle que le doute fait partie de toute recherche spirituelle. Ainsi écrit saint Jean de la Croix, mystique espagnol du XVIe siècle :

> ***« Je connais la source, elle coule, elle court***
> ***mais c'est de nuit***
> ***Dans la nuit obscure de cette vie***
> ***je la connais la source par la foi***
> ***mais c'est de nuit***
> ***Je sais qu'il ne peut y avoir chose plus belle***
> ***que ciel et terre viennent y voir***
> ***mais c'est de nuit***
> ***Je sais que c'est un abîme sans fond***
> ***et que nul ne peut la passer à gué***
> ***mais c'est de nuit... »***

En conclusion, il faut dire que croire, ce n'est pas toujours vivre en pleine clarté. Le doute fait partie du cheminement normal de la foi. Ne jamais douter, ce serait s'illusionner sur soi-même en pensant que l'on sait tout de Dieu. La foi se vit de jour et de nuit. De jour, on voit, on sait où l'on va, on définit « les choses de la foi », on est rassuré, on est maître de la situation, mais on risque de ne plus laisser Dieu agir. De nuit, on marche à tâtons sur le chemin, mais on se laisse guider par celui qui a dit être « la lumière » : le croyant qui doute se découvre alors mieux « de la race d'Abraham ».

Quand il paralyse et empêche de prendre la route, le doute se retourne contre la foi. Mais il n'est pas incompatible avec la foi s'il permet un nouveau pas en avant après les ornières de l'incertitude.

BIBLIOGRAPHIE

André GODIN, *Psychologie des expériences religieuses : Le désir et la réalité,* Le Centurion, Coll. Champs nouveaux, 1981, 283 pages.

Marie HERAUD, *Croyances d'incroyants en France aujourd'hui,* Le Centurion, 1977, 176 pages.

Pierre MOITEL, *Je crois... comment le dire ?,* Le Centurion, Coll. Champs nouveaux, 1983, 230 pages.

Jean PUYO, *Démasquer Dieu,* Le Chalet, 1980, 140 pages.

Jean-François SIX, *L'incroyance et la foi ne sont pas ce qu'on croit,* Le Centurion, 1979, 198 pages.

François VARONE, *Ce Dieu absent qui fait problème,* Le Cerf, Coll. Propositions catéchétiques, 1981, 230 pages.

Chapitre deuxième

Peut-on croire aux évangiles ?

Peut-on croire aux évangiles ? Une telle question peut paraître impertinente. La sagesse populaire a en effet retenu l'expression « C'est parole d'évangile ! » pour qualifier une affirmation dénuée de toute erreur. Pourrait-on soupçonner les évangiles de ne pas dire la vérité ou de ne pas être entièrement crédibles ?

UNE QUESTION IMPERTINENTE ?

La question posée par le titre de ce chapitre n'est sans doute pas si étrange qu'elle paraît à première vue, puisque le *Catéchisme national* utilisé en France de 1935 à 1945 posait la question suivante : « Devons-nous croire ce que disent les évangiles ? ».

> ***« Oui, nous devons croire ce que disent les évangiles,***
> ***1. parce qu'ils ont été inspirés par Dieu ;***
> ***2. parce qu'ils ont été écrits par les apôtres, témoins des faits qu'ils racontent, ou par les disciples des apôtres ;***

> ***3. parce qu'ils ont été acceptés par les premiers chrétiens ;***
> ***4. parce que beaucoup de martyrs sont morts pour attester leur vérité. »***

Le message de ce catéchisme est-il passé dans la mentalité des chrétiens ? Ce n'est pas sûr. Devant les textes évangéliques, les réactions critiques sont nombreuses et variées. En voici quelques-unes qui justifient la pertinence de la question posée par ce chapitre.

Les premiers disent : On ne peut croire les évangiles, le Christ exige des *attitudes absurdes* ou irréalisables ! Il dit « Si ton œil entraîne ta chute, arrache-le et jette-le loin de toi... Si ta main entraîne ta chute, coupe-la et jette-la loin de toi, car il est préférable pour toi que périsse un seul de tes membres et que ton corps ne s'en aille tout entier en enfer » (Matthieu 5, 29-30). Qui oserait appliquer à la lettre de tels conseils ? Ou bien il dit : « Si quelqu'un vient à moi sans haïr son père, sa mère, sa femme, ses enfants, ses frères, ses sœurs et même sa propre vie, il ne peut être mon disciple » (Luc 14, 25-26). Cette phrase est-elle supportable ? L'évangéliste Matthieu l'a adoucie sous la forme : « Qui aime son père et sa mère plus que moi n'est pas digne de moi » (Matthieu 10, 37). Mais dans ce cas, laquelle des deux phrases Jésus a-t-il prononcée ?

Les autres disent : Ce que racontent les évangiles est *humainement irrecevable*. La virginité de Marie et la conception de Jésus, qui peut sérieusement les accepter ? La résurrection de Lazare : chacun sait que les cellules humaines sont détruites quelques heures après la mort et Lazare était dans le tombeau depuis quatre jours, que pouvait-on faire ?

Ceux-là protestent : Pour qui Jésus me prend-il ? « Je suis le bon pasteur, dit-il, je connais mes brebis » (Jean 10, 14). Que signifie ce langage ? Je n'ai *pas envie d'être mouton* ou brebis, le mouton n'est pas un animal intelligent, preuve en est qu'on parle des « moutons de Panurge ». Un tel discours était bon autrefois, non aujourd'hui.

Ceux-ci analysent avec esprit critique : On ne peut faire confiance à quelqu'un qui affirme des *choses contradictoires*. D'un côté, il est dit : « Heureux ceux qui font la paix, ils seront appelés fils de Dieu » (Matthieu 5, 9) ; de l'autre, on entend : « N'allez pas croire que je sois venu apporter la paix sur terre, je ne suis pas venu apporter la paix, mais l'épée » (Matthieu 10, 34). En définitive, le Christ est-il ou non pour la paix ?

D'autres prennent la peine de regarder de près les textes et constatent par exemple des *contradictions* dans les dates. Dans les *Actes des Apôtres* (Actes 1, 3), Luc situe l'Ascension quarante jours après la Résurrection et l'irruption de l'Esprit sur les apôtres, le jour de la Pentecôte, cinquante jours après la même Résurrection. Mais dans l'évangile selon Jean, il est écrit : « Le soir de ce même jour qui était le premier de la semaine (c'est-à-dire le jour de Pâques), Jésus vint, souffla sur ses disciples et leur dit : « Recevez l'Esprit Saint » (Jean 20, 19-23). Le don de l'Esprit a donc lieu ici le jour de la Résurrection.
De même, dans l'évangile selon Luc, les apparitions ont lieu le jour de Pâques : « Jésus emmena ses disciples vers Béthanie. Là, il les bénit. Et tandis qu'il les bénissait, il se sépara d'eux et fut emporté au ciel » (Luc 24, 50-53). L'Ascension a donc lieu à Béthanie le soir de Pâques, alors que, dans les *Actes*, le même Luc situe l'Ascension quarante jours après Pâques. Marc place aussi l'Ascension le jour de Pâques, mais il la situe probablement à Jérusalem,

là où les apôtres étaient à table (Marc 16, 14-19). Quant à Matthieu, il ne parle pas de l'Ascension, son récit se termine en Galilée « sur la montagne » où Jésus avait donné rendez-vous à ses disciples (Matthieu 28, 16). En définitive, quel est le lieu de l'Ascension : Béthanie, Jérusalem ou la Galilée ? Quel est le jour de l'Ascension : le jour de Pâques ou quarante jours plus tard ?

Face à de telles contradictions, des traducteurs ont tenté de gommer les ambiguïtés des récits évangéliques, de ne retenir que certains textes et de présenter une « Vie de Notre Seigneur Jésus Christ ». Mais est-ce travail sérieux ? Comment par exemple concilier les trois récits de guérison d'aveugles à Jéricho ?

MATTHIEU 20,29	*MARC 10,46*	*LUC 18,35*
	Ils arrivent à Jéricho.	***Or, comme il approchait de Jéricho,***
Comme ils sortaient de Jéricho,	***Comme Jésus sortait de Jéricho avec ses disciples et une grande foule,***	
une grande foule suivait Jésus. Et voici :		
deux aveugles étaient assis au bord du chemin.	***l'aveugle Bar Timée était assis au bord du chemin en train de mendier.***	***un aveugle était assis au bord du chemin et mendiait.***

Des questions se posent : la guérison a-t-elle lieu quand Jésus entrait à Jéricho (Luc) ou quand il en sortait (Matthieu et Marc) ? Y avait-il un (Marc et Luc) ou deux aveugles (Matthieu) ? Jésus était-il seul (Luc) ou suivi de la foule (Matthieu) ou accompagné de la foule et de ses disciples (Marc) ? Ecrire une vie de Jésus en ne retenant qu'un seul des trois textes ou en faisant un amalgame des trois est possible, mais ce texte nouveau peut-il être qualifié de « parole d'Évangile » ?

Certains encore ne prennent pas les évangiles « au sérieux », ils sont davantage intéressés par les explications qu'ils donnent eux-mêmes aux textes. Sans doute, ils ne nient pas la valeur de l'Évangile comme Parole de Dieu, ils désirent se nourrir de cette parole et en tirer des conclusions pour leur foi et leur vie de chaque jour. Mais les textes deviennent alors fréquemment « pré-textes » à leurs propres idées. Un exemple à propos du récit précédent : beaucoup de lecteurs pressés ne remarquent pas, dans l'évangile selon Marc, la curieuse réponse de Jésus. L'aveugle demande : « Seigneur, fais que je voie » et Jésus lui répond non pas « Vois » (comme dans les textes selon Matthieu et Luc), mais « Va, ta foi t'a sauvé ». Comme les bibles intitulent ce passage « La guérison d'un aveugle », une lecture rapide et préconçue ne remarque pas ce changement de mot — « Va » au lieu de « Vois » — qui modifie nécessairement le sens du récit.
De même, certains catéchistes sont habitués à utiliser la parabole dite « de l'enfant prodigue » pour préparer des enfants au sacrement de la réconciliation, « pour apprendre à se confesser », mais en ne retenant que l'attitude du fils prodigue qui disperse tous ses biens. C'est là restreindre et réduire le sens du récit pris dans son ensemble : le texte pourrait aussi bien s'intituler « la parabole du père prodigue », c'est-à-dire — en prenant l'adjectif « prodi-

gue » dans son autre sens — du père généreux qui pardonne avec libéralité. Et il faudrait encore ne pas oublier les réactions du fils aîné !

Un récit biblique ou évangélique constitue un tout. N'en retenir que des extraits, c'est risquer de l'interpréter dans le sens de nos idées et lui faire dire ce que nous voulons qu'il dise. Ce n'est pas se mettre à l'écoute de la Parole de Dieu dans toute sa vérité.

Ainsi la question posée est pertinente : Peut-on croire aux évangiles ? Au point de notre réflexion, la question devient même : Comment croire aux évangiles ? que nous disent-ils ?

QUATRE CLEFS POUR OUVRIR LES ÉVANGILES

« Et commençant par Moïse et les prophètes, Jésus leur **interpréta** ***dans toutes les Écritures ce qui le concernait... Et les deux disciples (d'Emmaüs) se dirent l'un à l'autre : « Notre cœur ne brûlait-il pas en nous, tandis qu'il nous parlait en chemin et nous*** **ouvrait** ***les Écritures ? »***

(Luc 24, 27 et 32)

Première clef : Les évangiles ne sont pas d'abord des récits historiques

Quand on pose la question « Peut-on croire aux évangiles ? » ou « Les évangiles disent-ils la vérité ? », que veut-on dire ? quel serait ici le sens du mot « vérité » ?

La plupart du temps, parler de vérité, c'est envisager ce qui concerne l'authenticité des évangiles, l'exactitude des faits racontés, la crédibilité des témoins et narrateurs. Mais la réponse à ces questions est rendue difficile, du fait qu'il y a quatre évangiles et que, de l'un à l'autre, les récits sont différents et semblent même contradictoires.

Qu'est-ce que la vérité historique ?

La vérité historique est souvent confondue avec l'exactitude des faits qu'une enquête prétendument objective et impartiale pourrait établir sans faire intervenir d'autres éléments, tels que, par exemple, la subjectivité et la partialité des témoins.

Une telle conception de la vérité historique est héritée des historiens dit « positivistes » du XIXe siècle, dont les idées ont laissé des traces à notre époque. Pierre Grelot pose l'objection : « Le contenu d'un récit ne serait-il qu'un ensemble d'observations enregistrées du dehors par une sorte de caméra invisible et projetées sur l'écran du texte par un narrateur impartial ? » [1].
En effet, lors de la naissance d'un enfant, les indications portées sur le registre d'état-civil ne suffisent pas à rendre compte de ce qu'il est. Les renseignements portés sur ledit registre — jour et heure de naissance, sexe, prénom — sont exacts, mais ils ne disent rien de l'importance et de la valeur de cette naissance pour les parents ou de la manière dont celle-ci transforme leur vie.
Cette manière « objective » de comprendre la vérité historique, appliquée aux évangiles, entraîne deux conséquences diamétralement opposées l'une à l'autre.

---

[1] Pierre Grelot, « Les Évangiles », *Cahier Évangile,* n° 45, septembre 1983, p. 12.

— Ou bien on considère les récits évangéliques comme non crédibles, sous prétexte qu'ils se contredisent ou rapportent des faits humainement impossibles ;
— ou bien on essaie d'aller jusqu'au bout de cette logique pour montrer que les moindres détails relatés dans les évangiles sont vrais.

Une telle conception de la vérité historique se révèle illusoire : elle conduit à des impasses. C'est oublier deux aspects caractéristiques des récits évangéliques : d'une part, ils sont constitués par un ensemble d'expériences diverses qui s'entremêlent ; d'autre part, il est impossible de séparer les faits du sens même que leur donnent les acteurs, témoins et narrateurs. C'est ce que nous voudrions préciser dans les pages qui suivent : on ne peut rejoindre des « faits bruts » ou « chimiquement purs », on ne peut séparer les faits de la signification qu'ils ont pour ceux qui les relatent.

Le vrai se réduit-il à l'historique ?

Le terme « historique » n'est pas aussi simple qu'il paraît au premier abord. Ce mot prend trois sens différents.

Dans tout événement, il y a en effet :
— le fait qui s'est passé ;
— l'expérience que chacun peut en avoir personnellement ;
— la connaissance scientifique qui peut en être établie, selon ce qu'on appelle la « méthode historico-critique ».

Or la langue française ne dispose que d'un seul mot pour désigner ces trois aspects. Dire d'un événement qu'il n'est pas « historique » sous prétexte qu'il ne peut être constaté et connu scientifiquement, c'est courir le risque de nier sa réalité en disant : il ne s'est rien passé ! Dire d'un événement qu'il n'est pas « historique » peut simplement signifier qu'il ne relève pas d'une connaissance scientifique, mais ce n'est pas pour autant nier qu'il soit effectivement arrivé et qu'il soit « réel ».

Il faudrait donc affiner notre langage de la manière suivante :

— d'une part, réserver le mot « historique » à des faits constatables, vérifiables, soumis à l'analyse de la méthode historico-critique ;
— d'autre part, utiliser le mot « réel » pour qualifier le domaine plus large de tout ce qui est effectivement arrivé.

Ce n'est pas là subtilité de langage ou échappatoire commode ! Derrière cette question de vocabulaire, il y a un choix. Ce choix est fondamental : il permet de respecter à la fois la réalité et la connaissance que l'on a de cette réalité. Car connaître la réalité, ce n'est pas réduire cette réalité à ce qui est seulement constatable par les sens ou à ce qui est connu par les voies scientifiques.

> « L'amour entre deux êtres est quelque chose de « réel », qui fait partie de leur histoire. Mais est-il « historique », visible, mesurable ? Certes, il y a des signes « historiques » de cet amour, des traces visibles, par exemple le fait qu'ils s'embrassent ou vivent ensemble. Mais ces traces historiques sont par elles-mêmes ambiguës. Il faut les *interpréter* en se référant à la « réalité » invisible [1]. »
>
> *Étienne Charpentier*

[1] Étienne Charpentier, « Christ est ressuscité », *Cahier Évangile*, n° 3, février 1973, p. 58.

La connaissance de foi implique une option : croire, c'est prendre position par rapport au réel dans sa totalité, en considérant que les sens ne constituent pas le seul et unique moyen de connaître le réel.

Ainsi, les sciences historiques nous font connaître :
— la vie de Jésus de Nazareth jusqu'à sa condamnation et sa mort qui en marquent le terme ;
— la proclamation par les apôtres de sa résurrection.
Ces données, connues par voie « documentaire », sont qualifiées de données « historiques » au sens strict de ce mot. Mais l'événement même de la résurrection n'est pas de cet ordre historique : ce n'est pas un fait qui a pu être constaté sur-le-champ par des témoins et vérifié ensuite par les méthodes des sciences historiques.

> En résumé, il est impossible de savoir quoi que ce soit du moment et du mode de la résurrection. Aucun récit évangélique ne prétend d'ailleurs la décrire. La résurrection n'est donc pas un événement « historique », mais elle est attestée par les croyants comme un événement « réel ». Ce serait dangereux pour la foi de négliger le réel et de réduire la vérité des évangiles à ce qui serait historiquement constatable.

Deuxième clef : Les évangiles sont à interpréter

Quels que soient nos rêves, nous ne pouvons rencontrer Dieu face à face. En lisant les évangiles, nous ne sommes pas « branchés » en prise directe sur Dieu. Nous sommes condamnés à « interpréter », car nous ne pouvons ni voir, ni toucher Dieu. Les évangiles ne peuvent être lus « au pied de la lettre » : ils sont à interpréter.

Cette exigence de l'interprétation — qui a été perçue avec netteté depuis la naissance des sciences humaines — vient d'une double « distance » :

— la « distance » entre l'événement initial de la Révélation évangélique et le présent de notre culture d'aujourd'hui ;

— la « distance » entre les témoignages des évangiles et les événements qu'ils relatent (cf. aux pages 72-77, la quatrième clef).

C'est ce que rappelle le philosophe français Paul Ricœur : « Il y a toujours eu un problème herméneutique [1] dans le christianisme, parce que celui-ci procède d'une proclamation, d'une prédication originaire, selon laquelle, en Jésus Christ, le royaume s'est approché de nous de façon décisive. Or, cette prédication vient à nous à travers des écrits, qu'il importe de restituer en parole vivante, afin que demeure actuelle cette parole primitive qui rendait témoignage à l'événement fondamental et fondateur » [2].

Interpréter est indispensable

Cette tâche d'interprétation n'est donc pas une nouvelle mode ! Elle correspond à la nature même de la Parole de Dieu et de la foi chrétienne : la Parole de Dieu, révélée en Jésus Christ, ne se confond ni avec le texte écrit des évangiles, ni avec le texte écrit des énoncés dogmatiques ;

---

[1] Le mot français « herméneutique » vient d'un verbe grec, « herméneuô », qui signifie expliquer, interpréter, traduire. Ce verbe rappelle le demi-dieu grec Hermès — Mercure, chez les Latins — chargé du commerce et de la communication. Un problème herméneutique est un problème d'interprétation.

[2] Paul Ricœur, préface à la traduction française du livre *Jésus* du théologien protestant allemand Rudolf Bultmann, Le Seuil, 1968, p. 10.

de même, la foi n'est jamais un savoir en soi, mais l'adhésion à la Parole de Dieu à travers des actes et des écrits qui manifestent ou relatent cette adhésion.

Il y a ainsi double « inadéquation » et là se situe la difficulté de compréhension des évangiles :

— d'une part, la Parole de Dieu se révèle en des actes qui sont à interpréter ;
— d'autre part, nous ne sommes au courant de ces actes — actes de Jésus de Nazareth et actes des communautés chrétiennes primitives — que par des textes écrits, les évangiles, qui sont déjà eux-mêmes des interprétations.

Cette double « inadéquation » peut se représenter selon le schéma suivant :

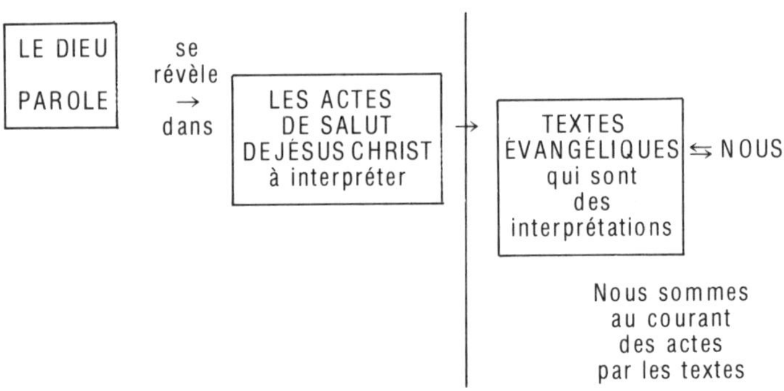

C'est pourquoi, il est impossible de mettre sur le même plan

— Parole de Dieu
— actes de Jésus Christ
— textes évangéliques

Ce serait enfermer Dieu dans un texte sacré et réduire Dieu à ce qu'on dit de lui. Dieu est au-delà des mots des hommes.

L'interprétation a des limites

Tout en tenant compte de cette double « inadéquation », nous ne sommes cependant pas autorisés à une totale liberté d'interprétation. En effet, les textes évangéliques renvoient à des événements « réels » (cf. première clef), qui fondent la foi de l'Église et dont l'individu croyant ne peut pas ne pas tenir compte. Pour nous en particulier, croyants du XXe siècle, qui ne faisons pas partie de « ceux qui ont vu le Seigneur » (1 Jean 1, 1-2), notre foi s'appuie inévitablement sur les témoignages des premières communautés chrétiennes. Première limite : on ne peut manipuler les textes des évangiles pour leur faire dire n'importe quoi. Le respect de la Parole de Dieu, c'est aussi le respect des témoins qui l'ont transmise.

Mais il est une autre limite. Le travail d'interprétation des évangiles n'est ni entreprise désespérée pour restituer un passé mort, ni simple opération de répétition ou de traduction. Il n'y a pas d'un côté les évangiles écrits autrefois et de l'autre notre situation historique de chrétiens d'aujourd'hui : nous ne pouvons lire les évangiles qu'au sein même de notre situation historique et de notre environnement culturel. Toute interprétation des évangiles est inévitablement colorée par la culture de ceux qui interprètent. Il est ainsi difficile d'atteindre, comme à l'état pur, la « substantifique moëlle » de la Parole de Dieu dans les évangiles. Seconde limite : le respect de la Parole de Dieu, c'est aussi le respect de ceux qui se risquent à l'interpréter.

> Nous ne pouvons jamais nous placer ni du point de vue de Dieu, ni du point de vue des auteurs des évangiles. Nous ne pouvons lire les évangiles que comme êtres historiques, avec notre culture d'hommes et de femmes du XXe siècle.

C'est pourquoi, le christianisme n'est pas une « religion du livre ». Si le temps des événements fondateurs est terminé, les communautés chrétiennes d'aujourd'hui sont toujours appelées à relire leur histoire présente à la lumière de la Parole de Dieu qui leur est adressée par les évangiles. En ce sens, l'Église du XXe siècle ne peut ni répéter, ni reproduire l'Évangile tel qu'il a été vécu et écrit par l'Église primitive, elle doit à nouveaux frais le vivre à sa façon et le réécrire avec ses mots.

En conclusion, les évangiles ne sont pas d'abord le récit de faits « bruts ». Ils sont le témoignage de croyants qui ont reconnu, dans les événements de leur histoire, la Parole de Dieu et qui nous invitent à partager leur foi.
Sans nous dispenser d'un travail de vérification et d'interprétation de ces témoignages avec les moyens dont nous disposons actuellement, nous ne pouvons entendre la Parole de Dieu qu'en partageant la foi de ces témoins. Mais nous ne pouvons reconnaître cette Parole qu'en nous engageant à leur suite dans la réponse qu'elle sollicite.

Troisième clef : Les évangiles sont nés de la résurrection

HISTOIRE D'UNE FUGUE OU UN ÉVÉNEMENT FONDATEUR

C'était un vendredi soir. Au lieu de rentrer du lycée, Joël était parti seul sur la route. Le vase débordait. Une énième remarque désobligeante le matin de la part de ses parents avait emporté ses dernières hésitations. Tout à sa fureur contre pa-

rents, profs, copains et terre entière, il allait le long d'un terrain vague. Bien fait pour ceux qui allaient s'inquiéter de lui! Et puis, à quinze ans, on n'a besoin de personne pour s'en sortir!
Raconter les multiples péripéties des quarante-huit heures de son absence serait trop long. A chacun d'imaginer l'aventure! Qui ne connaît cas semblable! Qui n'a eu envie d'en faire autant!
Le retour ne fut aisé ni pour lui, ni pour ses proches. Fous d'inquiétude, ses parents balançaient entre le soulagement et les reproches: «Tu nous as fait ça!»; les camarades étaient admiratifs ou réprobateurs, tous envieux; selon les cas, l'entourage trouvait cette histoire banale ou scandaleuse.
Deux voies s'offraient pour que personne ne «perde la face». Ou bien dire ouvertement «On efface tout et on n'y pense plus» et vivre après comme avant, oublier tout et mettre la «fugue» entre parenthèses. Ou bien juger, avec arguments à l'appui, qui avait tort et qui avait raison: il faut toujours un gagnant et un perdant et le perdant, en l'occurrence, avait toute chance de s'en tirer par d'affreux chantages à la fugue!
Une troisième voie fut choisie: l'explication. Cela prit du temps. L'expérience, pénible pour tout le monde, avait ouvert une possibilité: le mur d'incompréhension, qui aurait pu se transformer en mur de griefs, s'était peu à peu écroulé. Une parole était possible. Les «Je ne comprends pas» résonnaient autrement, les «Tu pourrais bien» également. L'événement vécu éclairait le passé des uns et des autres et ouvrait un chemin pour l'avenir.
La fugue n'est pas un passage obligé pour construire une vie de famille. Mais pour Joël et les siens, celle-ci allait constituer un «événement», qui allait devenir déterminant pour construire

d'autres relations. Joël ne pourrait plus être le même, ses proches non plus. Certaines ruptures pour sortir de l'enfance manifestent qu'une part de vie a disparu et qu'une autre est à naître et inventer. Comme une semence qui, pour grandir, doit mourir et germer.

C'est un fait que des événements changent le regard sur une vie et lui donnent sens nouveau. C'est dans ce même registre de l'expérience, et non du savoir, que l'on peut comprendre ce qui est arrivé aux hommes qui ont écrit les évangiles.

Un événement sans lequel les évangiles n'existeraient pas

La tendance spontanée est de lire les évangiles comme des récits historiques, qui auraient pour but de faire connaître la vie d'un homme célèbre. Mais comme il a été précédemment précisé, les évangiles portent en eux un sens que les auteurs veulent livrer aux lecteurs : c'est un message adressé par des croyants à leurs contemporains.

Quel est ce message ? C'est la résurrection de Jésus de Nazareth. « Si le Christ n'est pas ressuscité, notre prédication est vide et vide aussi notre foi » (1 Corinthiens 15, 14). L'apôtre écrit cela en 57, avant la parution des évangiles.

Le Christ est ressuscité, telle est la « Bonne Nouvelle » annoncée à tous. Sans résurrection, il n'y aurait pas de Bonne Nouvelle et sans Bonne Nouvelle pas de prédication et sans prédication pas d'écrits. Cette conviction — « Le Christ est ressuscité » — est présente à travers les récits évangéliques : ce Jésus de Nazareth dont nous rapportons paroles et gestes, que nous avons vu mort et mis au tombeau, c'est celui-là même que nous croyons vivant.

Jésus Christ est passé de la mort à la Vie : telle est la parole de foi des premières communautés chrétiennes.
Cette foi en la résurrection « fonde » leur prédication, leur catéchèse, leur mission. C'est ainsi que l'on peut dire que la résurrection constitue l'événement « fondateur » de la foi des apôtres, des premiers chrétiens et des auteurs des évangiles.

Entre l'historique et le réel

Cet événement de la résurrection repose-t-il sur une réalité que l'on pourrait « prouver » ? Du côté de l'Histoire, il y a trace, dans les écrits de l'époque, de deux faits qui ne sont contestés par personne :

> *Premier fait :* Vers l'an 30, en Galilée, un homme nommé Jésus acquiert un ascendant sur ses compatriotes en leur annonçant que le royaume de Dieu est imminent. Condamné à mort et crucifié par les Romains, il meurt abandonné des siens.
> *Deuxième fait :* Après sa mort, ses disciples proclament qu'il est vivant et annoncent cette « Bonne Nouvelle » à Jérusalem et dans l'empire romain.

Entre ces deux faits historiques, que s'est-il passé ? Là, s'arrête le domaine de l'Histoire et commence celui de la foi. Ces hommes prétendent avoir fait une « expérience » unique qui a bouleversé leur vie. En effet, après avoir été plongés dans le doute et l'obscurité à la mort de leur maître, les disciples sortent à la Pentecôte sur les places pour crier leur certitude : par son Esprit, Dieu vient de leur faire comprendre que ce Jésus qu'ils avaient vu mort, est ressuscité ; Dieu l'a glorifié et l'a fait passer de la mort à la Vie (cf. Actes 2, 23-24 ; 2, 32 ; 2, 36).

Ainsi la situation se présenterait selon le schéma suivant :

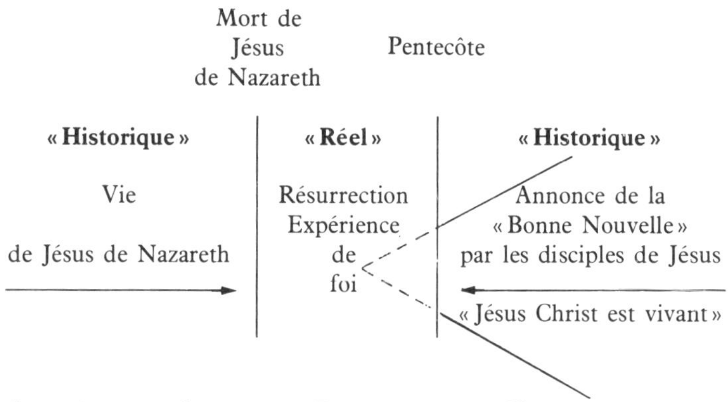

La résurrection, une Bonne Nouvelle

Pour les disciples qui avaient suivi Jésus de Nazareth et acquiescé à ses propositions, il a fallu ce passage à travers la « nuit » pour que leur soit révélée par l'Esprit la Bonne Nouvelle. La mort de Jésus anéantissait leurs espoirs (cf. Luc 24, 21).

Or, la résurrection est le « Oui » de Dieu à la vie et à l'œuvre de Jésus Christ. Ce Dieu qui n'a cessé de se révéler aux hommes de l'Ancien Testament comme le Dieu des vivants, se manifeste, au matin de Pâques, partisan de la Vie en glorifiant son fils Jésus. Sûrs de la puissance de l'Esprit de Dieu, les disciples entrent à la Pentecôte dans cette dynamique de vie.

Dans sa lettre aux Romains, l'apôtre Paul écrit : « Si l'Esprit de Celui qui a ressuscité Jésus d'entre les morts habite en vous, Celui qui a ressuscité Jésus Christ d'entre les morts donnera aussi la vie à vos corps mortels, par son Esprit qui habite en vous » (Romains 8, 11).

A la suite de Jésus entré dans la gloire de son Père, les premiers chrétiens espèrent vivre eux aussi au-delà de la mort. A travers la résurrection de Jésus, c'est le sens de leur existence d'hommes et de femmes qui est révélé : la mort a un visage autre, elle débouche sur un plus-être, c'est une naissance nouvelle. Dans l'histoire de leur vie, la résurrection apparaît aux disciples et aux premiers chrétiens comme un phare qui éclaire l'avenir.

La résurrection, miroir et phare

Si la foi en la résurrection de Jésus Christ ouvre un avenir pour leur vie, ce n'est pas sans lien avec ce que les disciples ont vécu avec Jésus de Nazareth, durant les trois années de la vie publique de celui-ci. Le « Oui » de Dieu à la Vie, c'est un « Oui » à ce que Jésus avait entrepris sur terre. C'est ce que les disciples rappellent, célèbrent, prêchent et un jour écrivent.

Le message des évangiles est ainsi le suivant : ce Jésus dont on vous raconte qu'il guérit les malades, s'invite chez Zachée, demande à boire à la femme de Samarie, livre sa vie, c'est celui-là qui est ressuscité et vivant. Les disciples ont la certitude que le chemin tracé par Jésus Christ est une manière de vivre dont ils ont déjà goûté les prémices pendant les trois années antérieures. Désormais, la propo-

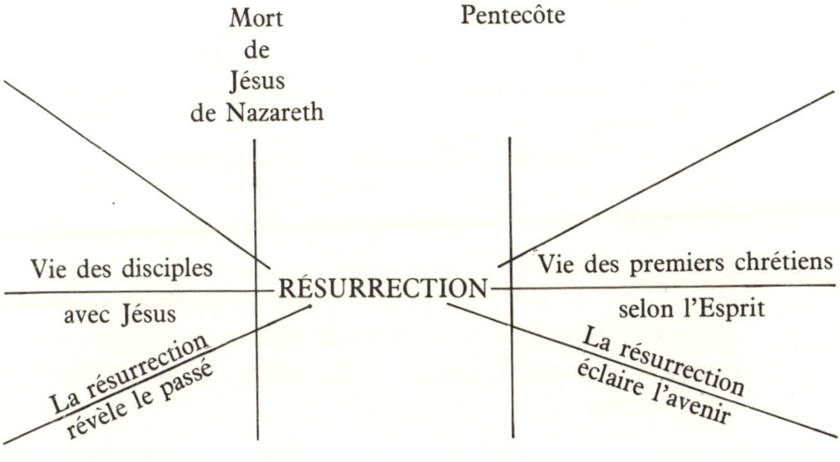

sition que Dieu leur fait est claire : par la résurrection, Dieu ouvre un chemin pour l'homme grâce à Jésus Christ, Jésus Christ est le Vivant et il fait vivre.
Pour les disciples, la résurrection est à la fois un miroir qui révèle le passé et un phare qui éclaire l'avenir.

En résumé, l'événement « fondateur » du christianisme réunit, en un seul ensemble, les événements vécus et l'expérience de foi, à savoir : la mort de Jésus de Nazareth, la résurrection de Jésus qui constitue celui-ci Christ et Seigneur, le don de l'Esprit qui permet aux disciples de recevoir la révélation que Jésus est Christ et Vivant.

Quatrième clef : Les évangiles ont été écrits progressivement

Après la mort de Jésus de Nazareth, ses disciples, guidés par l'Esprit, le proclament vivant : « Ce Jésus de Nazareth que vous aviez crucifié, Dieu l'a ressuscité. Nous tous en sommes témoins : Dieu l'a fait Seigneur et Christ » (Actes 2, 32 et 36). C'est à partir de ce témoignage où les disciples attestent que le Christ ressuscité est bien le Jésus de Nazareth qu'ils ont connu, que vont naître autour d'eux les premières communautés chrétiennes.

Formation des évangiles

Quand les disciples commencent à annoncer que Dieu a ressuscité Jésus et qu'il l'a fait Seigneur, rien n'est encore écrit sur Jésus. Moins d'un siècle plus tard, les quatre évangiles existent dans leur forme actuelle. Que s'est-il passé durant ce laps de temps ?

Au départ, les disciples proclament leur foi en Jésus Christ. Leur témoignage a un tel impact que des hommes et des femmes se rassemblent et adhèrent à cette foi : ils croient à la « Bonne Nouvelle » de Jésus Christ annoncée par ses disciples.
Mais à cette époque, les « Écritures » — c'est-à-dire les écrits bibliques de l'Ancien Testament et les commentaires juifs de ces textes — jouaient un rôle prépondérant dans l'organisation de la société juive. Pour annoncer Jésus Christ, les premiers chrétiens recourent spontanément aux écrits de l'Ancien Testament. Dès l'origine, les événements sont relatés à la lumière de ces écrits, en vue d'un enseignement.
Cette annonce se fait oralement, d'abord auprès des Juifs, en araméen, la langue courante en Palestine, puis dans le monde non juif, en grec, la langue de communication de l'ensemble du bassin méditerranéen. C'est à partir de cette proclamation orale, transmise de communauté en communauté, probablement sous la forme d'un enseignement précis et facilement mémorisable, que sont nés les évangiles.

Progressivement, le passage s'est fait de la tradition orale à l'écriture, dès lors que ceux qui n'avaient ni connu ni entendu Jésus redoutaient le silence où allait les plonger la mort de ses disciples qui, eux, l'avaient fréquenté.

Le rassemblement des matériaux et leur mise par écrit ne se fit cependant pas n'importe comment. Des indices révèlent l'importance, dans les communautés chrétiennes, de la tradition reçue et de l'autorité apostolique (cf. 1 Corinthiens 15, 3 et Galates 2, 6-9). Un exemple : lorsqu'il s'agit de remplacer Judas, Pierre exige de celui qui sera choisi les qualités suivantes : « Des hommes nous ont accompagnés durant tout le temps où le Seigneur Jésus a marché à notre

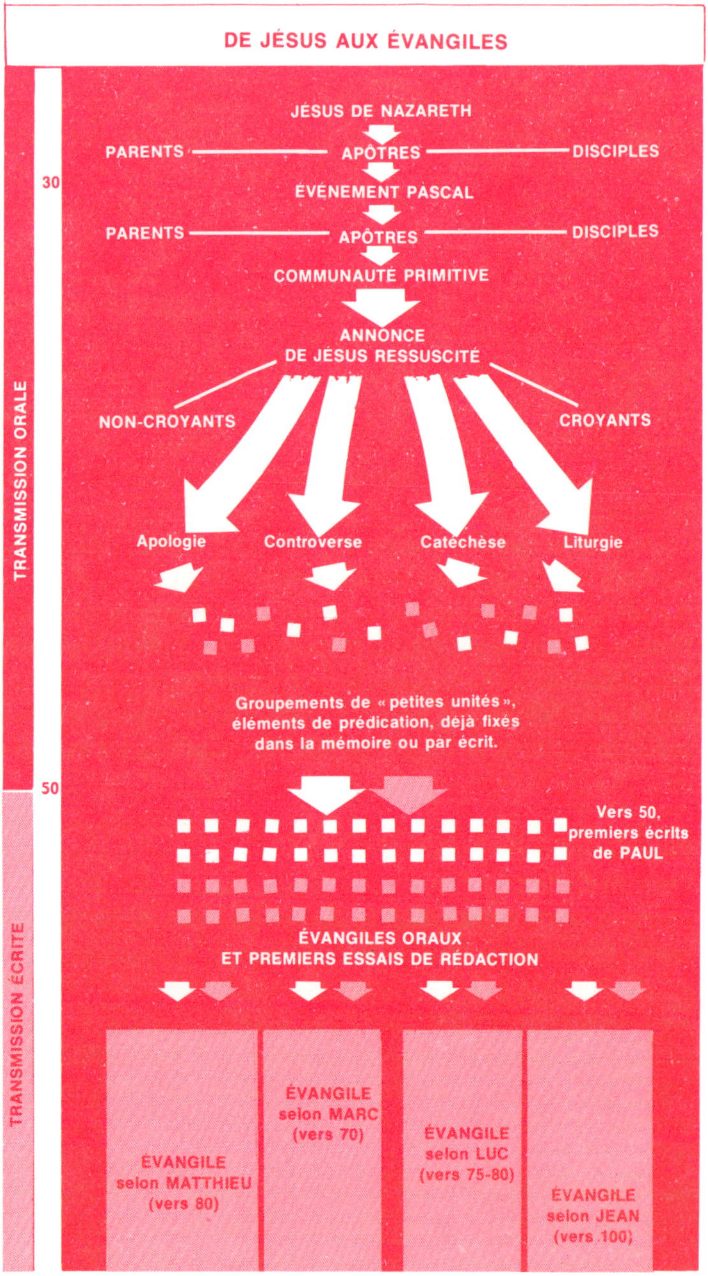
DE JÉSUS AUX ÉVANGILES
JÉSUS DE NAZARETH
PARENTS
APÔTRES
DISCIPLES
30
ÉVÉNEMENT PASCAL
PARENTS
APÔTRES
DISCIPLES
COMMUNAUTÉ PRIMITIVE
ANNONCE DE JÉSUS RESSUSCITÉ
NON-CROYANTS
CROYANTS
Apologie
Controverse
Catéchèse
Liturgie
TRANSMISSION ORALE
Groupements de « petites unités », éléments de prédication, déjà fixés dans la mémoire ou par écrit.
50
Vers 50, premiers écrits de PAUL
ÉVANGILES ORAUX ET PREMIERS ESSAIS DE RÉDACTION
TRANSMISSION ÉCRITE
ÉVANGILE selon MATTHIEU (vers 80)
ÉVANGILE selon MARC (vers 70)
ÉVANGILE selon LUC (vers 75-80)
ÉVANGILE selon JEAN (vers 100)

tête, depuis le baptême de Jean jusqu'au jour où il nous a été enlevé. Il faut que ce soit l'un d'entre eux qui devienne avec nous témoin de sa résurrection» (Actes 1,21-22). Le schéma des évangiles est là signifié : de Jean-Baptiste au départ de Jésus.

Les premières mises par écrit étaient certainement des petites unités, groupant des paroles de Jésus ou des récits de miracles. Comme toute tradition orale, elles étaient importantes pour la vie des communautés. A mesure en effet que les gens se convertissaient, il fallait relayer le stade de la proclamation, par ceux de la catéchèse, de la liturgie et de la vie communautaire. Le travail de mémoire et d'écriture favorisait une fidélité active envers celui que les chrétiens célébraient comme leur Seigneur.

Après ces premières mises par écrit, le processus continua. Des ensembles plus importants se constituèrent. C'est à eux que l'évangile selon Luc fait allusion : « Puisque beaucoup ont entrepris de composer un récit des événements accomplis parmi nous... » (Luc 1, 1). Ces divers ensembles conduisirent à leur tour aux évangiles que nous possédons actuellement.

Ce progressif passage de l'oral à l'écrit se réalisa dans l'ensemble des communautés chrétiennes, dont certaines jouèrent un rôle plus déterminant, notamment celles de Jérusalem, d'Antioche de Syrie, d'Éphèse et de Rome [1].

Rédaction des évangiles

Les quatre évangiles ont été rédigés à l'intérieur de ces communautés chrétiennes. Ils proposent quatre approches différentes de Jésus Christ qui s'enrichissent mutuellement.

---

[1] Les deux schémas présentés aux pages 74 et 77 sont extraits de la revue *Points de repère*, n° 44, novembre 1980, pp. 19-22, Bayard Presse.

Dans chacune de ces approches, on retrouve à la fois un témoignage sur le Jésus de Nazareth qui a partagé la vie des hommes sur les routes de Palestine et un témoignage sur le Seigneur ressuscité, appelé Christ et présent aux communautés chrétiennes qui le célèbrent.
En lisant les évangiles, il faut donc être attentif à reconnaître les deux aspects d'une seule réalité signifiée dans le nom « Jésus Christ » : Jésus qui est de Nazareth, Christ qui renvoie à la foi des premiers chrétiens.
Chaque évangile garde cependant son originalité. D'une part, le (ou les) rédacteur(s) imprime sa marque personnelle selon l'aspect de la vie de Jésus de Nazareth auquel il a été sensible et selon sa propre démarche de foi. D'autre part, le (ou les) rédacteur(s) imprime la marque de la communauté à laquelle il appartient et pour laquelle il écrit, en tenant compte des origines et de l'enracinement de cette communauté et de ce qu'elle est capable d'entendre et de comprendre.

Parution des évangiles

Les spécialistes s'accordent à penser que l'évangile selon Marc serait le plus ancien : il aurait été terminé en l'an 70, année de la destruction du Temple de Jérusalem par les armées romaines, dont il ne fait précisément pas mention. L'évangile selon Jean, le plus tardif, date de la fin du 1er siècle (entre 90 et 100) : avec les années, la réflexion chrétienne a mûri et a pris du recul par rapport aux différents épisodes de la vie de Jésus, la pensée théologique est plus élaborée. Les évangiles selon Matthieu et Luc se situent vers les années 80-90.

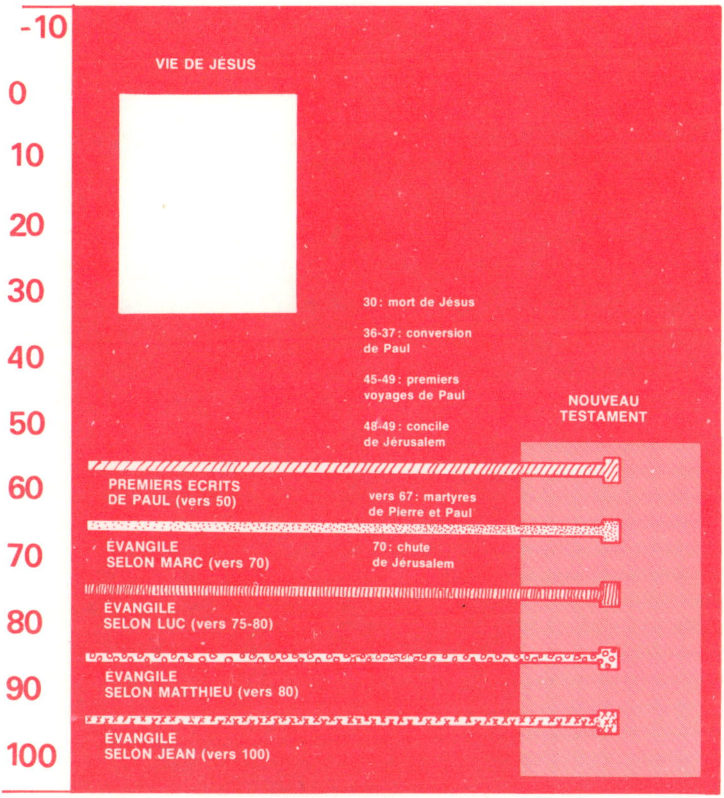

DATES DE « PARUTION »
DES ÉVANGILES

1. L'ÉVANGILE SELON MARC

Dans quelle communauté ? L'évangile selon Marc a été probablement écrit dans la communauté chrétienne de Rome à laquelle appartenait Marc. Deux exemples le révèlent. Il est souligné que le couronnement d'épines a lieu dans le « prétoire » (Marc 15, 16), précision nécessaire pour la communauté de Rome étrangère aux coutumes juives. Il est aussi noté — et c'est le seul évangile qui en parle — la proclamation de foi du centurion romain au pied de la croix, après la mort de Jésus : « Vraiment cet homme était fils de Dieu ! » (Marc 15,39).

Quelle approche de Jésus Christ ? Dans un langage direct et concis, l'évangile selon Marc présente un Jésus Christ qui enseigne, pose des actes, fait des miracles, mais ne fait guère de discours. Même pour ses disciples qui souvent ne le comprennent pas, Jésus apparaît déconcertant. Tout le récit évangélique pose la question « Qui est donc cet homme ? », insistant pour qu'il n'y ait pas confusion sur l'identité de Jésus : Seigneur et Sauveur. La clef finale de l'évangile et la réponse à la question se trouvent dans la profession de foi du centurion romain : Jésus est le Messie, mais c'est un Messie crucifié.

Qui est Marc ? Sans être l'un des douze apôtres, Marc aurait participé de près à l'annonce de la Bonne Nouvelle durant les premières années de l'Église. D'une part, il est le compagnon de Paul lors de la première mission de celui-ci à Antioche et en Asie Mineure. D'autre part, il est le disciple de Pierre à Rome.

2. L'ÉVANGILE SELON MATTHIEU

Dans quelle communauté ? Plusieurs indices dans l'évangile selon Matthieu incitent à penser que son auteur s'adressait à des communautés chrétiennes d'origine juive, de Palestine ou de Syrie. En effet, il est fait référence à des pratiques courantes de la vie en Palestine au temps de Jésus (aumônes, sacrifices) ; selon la coutume juive, on évite de prononcer le nom de Dieu et l'on parle du royaume des cieux ; il est enfin fait allusion aux violentes discussions entre Jésus et les Juifs traditionnels (Pharisiens et Sadducéens) et l'on peut se demander s'il faut reconnaître, dans cette évocation, les conflits réels vécus par Jésus ou les difficultés de la communauté chrétienne de Matthieu en butte au judaïsme officiel.

Quelle approche de Jésus Christ ? L'évangile très structuré présente Jésus dans la suite des grandes figures de l'Ancien Testament (Moïse, David, Élie) et comme le Seigneur de la communauté : il enseigne, prononce des discours, anime l'Église, appelle les chrétiens à vivre en frères, envoie en mission pour annoncer le royaume. Annonce de la Bonne Nouvelle et Église sont étroitement liées : « Allez, de toutes les nations faites des disciples ! » (Matthieu 28, 19).

Qui est Matthieu ? Matthieu serait l'un des douze apôtres, appelé aussi Lévi. Collecteur d'impôts ou publicain (cf. Matthieu 9, 9), c'est un chrétien d'origine juive qui a une bonne connaissance des Écritures qu'il cite à de nombreuses reprises.

Afin de distinguer les quatre évangélistes, les exégètes — à la suite de saint Jérôme (347-420) qui traduisit le Nouveau Testament du grec en latin — prirent l'habitude d'attribuer à chacun d'eux un symbole : l'Homme à Matthieu, le Lion à Marc, le Taureau à Luc, l'Aigle à Jean.
Ces attributions s'expliquent par le premier chapitre de chacun des évangiles : Matthieu commence par la généalogie *humaine* de Jésus, Marc présente Jean-Baptiste dans le *désert,* Luc débute par l'offrande *sacrificielle* du prêtre Zacharie, Jean évoque la Parole *tournée vers* Dieu, le Verbe, tel l'aigle qui peut voler vers le soleil sans en être aveuglé.

3. L'ÉVANGILE SELON LUC

Dans quelle communauté ? L'évangile selon Luc serait issu de communautés nées en terre païenne, probablement en

Syrie, en Asie Mineure ou en Grèce, et composées de non-juifs formés à la culture grecque. Cela expliquerait par exemple l'insistance de son auteur sur la résurrection corporelle de Jésus, conception particulièrement impensable pour des mentalités grecques.

Quelle approche de Jésus Christ ? De façon plus insistante encore que les trois autres évangiles, l'auteur de l'évangile selon Luc rapporte les événements de la vie de Jésus en les éclairant à la lumière de la résurrection du Christ. Il est ainsi le seul à présenter le Ressuscité ouvrant les yeux des deux disciples sur la route d'Emmaüs (Luc 24, 13-35) et ceux des apôtres au Cénacle au soir de Pâques (Luc 24, 36-42). Il fait aussi fréquemment mention de l'Esprit-Saint qui donne le sens de l'histoire de Jésus : présent dans l'Église, l'Esprit l'était déjà en Jésus et même dans l'histoire d'Israël. Il est également sensible, comme Paul, à l'universalisme du salut de Dieu et à l'universalisme de l'Église : le royaume est offert à tout homme. Enfin, le récit évangélique donne une impression de joie, manifestation de la tendresse et de la miséricorde de Dieu pour tous les hommes (cf. les paraboles de la miséricorde, Luc 15, 1-32).

Qui est Luc ? Probablement originaire de la région d'Antioche de Syrie, Luc est un chrétien d'origine païenne. C'est un homme cultivé — on l'a dit médecin —, de langue, de culture et de formation grecques. Il fut le compagnon de Paul lors de plusieurs voyages.

4. L'ÉVANGILE SELON JEAN

Dans quelle communauté ? Il est difficile de situer de façon précise la communauté chrétienne où est né l'évangile selon Jean. Des spécialistes pensent à des communautés d'Asie Mineure, peut-être Éphèse. A travers les préoccupations manifestées dans le récit, il s'agirait de chrétiens « vieux convertis » et marqués par différentes cultures : culture grecque (c'est le seul évangile qui désigne Jésus comme le « logos », terme grec qui signifie la parole) ; culture juive manifestée par la connaissance des thèmes bibliques (l'exode, l'agneau pascal, l'eau, la vigne, la manne, les références à Moïse) et les titres donnés à Jésus (le berger, la lumière) et traditionnellement employés dans l'Ancien Testament pour désigner Dieu. L'auteur s'adresserait à une communauté chrétienne qui croit et célèbre, à la fois pour l'aider à approfondir sa foi en Jésus Christ, fils de Dieu, et pour lui proposer une réflexion catéchétique sur le baptême (cf. l'entretien avec Nicodème, Jean 3, 1-21 — la guérison de l'aveugle-né, Jean 9, 1-41) et sur l'eucharistie (cf. le discours sur le pain de vie, Jean 6, 26-66).

Quelle approche de Jésus Christ ? L'évangile selon Jean livre une réflexion méditative sur Jésus, fils de Dieu. Jésus est l'« icône » de Dieu qui révèle Dieu comme Père, il est le chemin vers le Père : « Qui m'a vu a vu le Père » (Jean 14, 9). Essentiellement centrée sur la foi en Jésus fils de Dieu, la réflexion s'appuie sur le mystère pascal, illustré par quelques grands thèmes : l'eau, la lumière, l'amour, la vie. L'évangile insiste aussi sur la présence et l'action de l'Esprit Saint : c'est lui qui constitue l'Église et réalise l'unité des chrétiens en Jésus Christ, c'est par sa médiation que Jésus Christ continue à parler dans son Église : « Je vous ai dit ces choses, tandis que je demeurais avec vous. Le paraclet, l'Esprit Saint, que le Père enverra en mon nom vous enseignera toutes choses et vous rappellera tout ce que je vous ai dit » (Jean 14, 25-26).

Qui est Jean ? L'évangile fait mention du « disciple que Jésus aimait » (Jean 21, 20). On pense qu'il s'agit de l'apôtre Jean qui serait à l'origine de l'évangile qui porte son nom. A la différence des autres évangélistes, Jean dit explicitement se présenter comme un « témoin » (Jean 19, 35).

Les genres littéraires dans la Bible

Comme toute œuvre littéraire, la Bible — Ancien Testament et Nouveau Testament — a ses « codes » de lecture. On y trouve des structures stéréotypées qui servent de cadre aux récits et des procédés de style propres à l'époque qui expriment une réalité difficilement cernable. Qui ouvre et lit la Bible doit donc « décoder » certains termes pour découvrir la réalité cachée.
Voici quelques exemples de récits structurés avec leurs caractéristiques. Le lecteur pourra en faire lui-même la vérification en se référant aux textes proposés chaque fois.

LES MIRACLES

1. Situation de départ
   ou expression d'un manque
2. Demande d'intervention
   faite par l'intéressé ou l'entourage
3. Intervention de Jésus
4. Résultat produit
5. Réaction de l'intéressé ou de l'entourage
   La tempête apaisée, Marc 4, 35-41
   La guérison d'un possédé, Marc 1, 23-28

LES APPELS

1. Une rencontre
2. Un appel
3. Une réponse
   L'appel de Lévi, Marc 2, 13-14

LES ANNONCES

1. Présentation de la situation
2. Arrivée d'un messager de Dieu
3. Trouble causé que le messager apaise
   « *Ne crains pas* »
4. Annonce d'une mission ou d'une naissance
   souvent introduite par « Voici »
5. Question posée au messager
   soulignant une difficulté
6. Signe demandé ou annoncé
7. Départ du messager
   L'annonce à Zacharie, Luc 1, 5-25
   L'annonce à Joseph, Matthieu 1, 18-25
   L'annonce aux bergers, Luc 2, 8-18

LES APPARITIONS

1. Une initiative divine
2. Une difficile reconnaissance
3. Un envoi en mission
   Apparition près du lac de Tibériade, Jean 21, 1-23
   Apparition aux disciples d'Emmaüs, Luc 24, 13-35
   Apparition à Philippe, Actes 8, 26-40

LES PARABOLES ET ALLÉGORIES

Paraboles et allégories sont des procédés littéraires utilisés pour donner un enseignement.
Dans la parabole, l'anecdote sert de simple support à l'enseignement qui doit être décrypté à travers ce qu'on appelle « la pointe de la parabole », sans s'attacher aux détails du récit.
Dans l'allégorie, chaque élément descriptif a son importance et correspond à un aspect de l'idée exprimée. Ainsi, dans le récit des *vignerons homicides* (Matthieu 21, 33-46, Marc 12, 1-12), on peut faire une relecture de l'histoire du peuple d'Israël, chaque élément du récit renvoyant à un moment ou un aspect de la réalité historique.

LES THÉOPHANIES

Une « théo-phanie » est une manifestation de Dieu. Les récits de théophanie comportent habituellement les éléments suivants :

1. La montagne et la nuée
2. La lumière et l'éclair
3. Les vêtements blancs ou éblouissants
4. Les assistants saisis de crainte

La transfiguration, Marc 9, 2-8
Les femmes au tombeau, Matthieu 28, 2-4

LES APOCALYPSES

Le récit apocalyptique se développe en temps de crise ou de persécution pour dire l'inébranlable certitude que Dieu est présent. Au-delà des images de catastrophe et de détresse s'exprime l'espérance en la toute-puissance de Dieu. En dehors du livre de *L'Apocalypse* de Jean, on trouve ce genre dans *le discours de Jésus sur la fin des temps* (Matthieu 24, 4-44) et dans le récit de *la mort de Jésus* (Matthieu 27, 51-53) : la terre tremble, les rochers se fendent, les tombeaux s'ouvrent, les cieux se déchirent.

COMMENT LIRE LES ÉVANGILES ?

Une lecture à l'envers

Pour répondre à la question posée, « Comment lire les évangiles ? », nous nous aiderons du dessin ci-dessous. Ce dessin est conçu et construit pour être lu « à l'envers », c'est-à-dire de la droite vers la gauche, de (1) vers (2) puis vers (3).

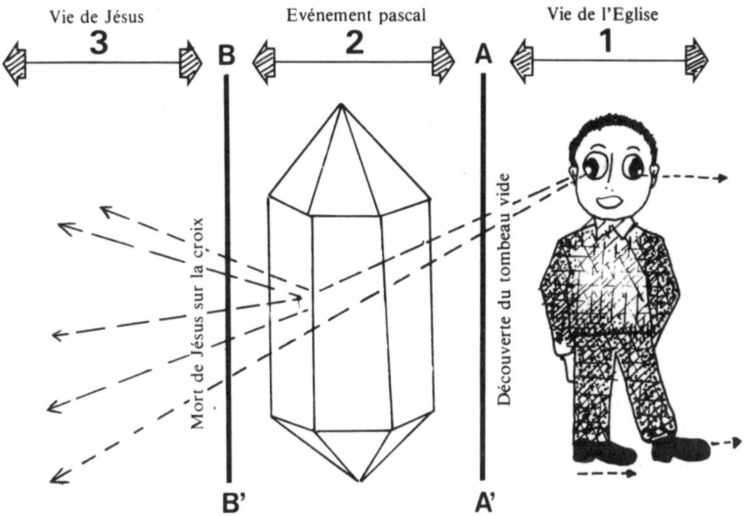

Ce dessin permet de comprendre que l'événement pascal — c'est-à-dire l'ensemble Mort / Résurrection / Ascension / Pentecôte — entraîne une manière nouvelle de voir, d'agir et de dire. Après l'événement pascal, les choses ne sont plus envisagées et vécues comme avant.

Un regard nouveau

L'événement pascal invite à regarder les choses « à l'envers ». La ligne AA' représente l'événement historique de la découverte, par les femmes, du tombeau vide (cf. Matthieu 28, 1-8). La ligne BB' représente l'événement historique antérieur de la mort de Jésus de Nazareth sur la croix. Entre ces deux événements historiquement situés dans le temps, le « prisme » représente l'événement de la résurrection de Jésus, lequel n'est pas de l'ordre historique, mais de l'ordre du « réel » de la foi. Historiquement, personne n'en a été témoin (cf. première clef, pages 58-62).

La colonne (1) représente la période de la vie des premières communautés chrétiennes et le personnage symbolise les croyants de cette Église primitive : cette vie est de l'ordre de l'historique et du constatable, les quatre évangiles en sont une preuve. La colonne (3) représente la période de la vie de Jésus de Nazareth, laquelle est également de l'ordre de l'historique et du constatable.

Quelle est l'attitude du croyant, situé en (1) ?
D'abord, le croyant a deux yeux. Un œil regarde l'événement pascal. En le regardant, il est inévitablement amené à voir événements, gestes et paroles de Jésus de Nazareth dans une perspective particulière, « à l'envers » : à travers le prisme de l'événement pascal, événements, gestes et paroles de Jésus prennent dans les récits évangéliques des colorations et significations nouvelles. L'autre œil regarde vers l'avenir, c'est-à-dire vers la construction de l'Église primitive. Ensuite, les pieds sont aussi tournés vers l'avenir : le croyant est envoyé en mission, chargé d'aller annoncer la Bonne Nouvelle de Jésus Christ. Enfin, la bouche est ouverte, prête à dire cette Bonne Nouvelle.
L'événement pascal invite ainsi à lire les événements dans l'ordre inverse où ils se sont passés. Les évangiles doivent être lus à la lumière de la résurrection, d'autant que, de fait, ils ont été écrits après la résurrection. C'est une erreur de lire les évangiles comme des textes écrits avant la mort et la résurrection de Jésus : ce serait en fausser la compréhension.

Les textes évangéliques ne sont pas des comptes rendus journalistiques écrits en (3), mais des témoignages et récits catéchétiques transmis et écrits par les premières communautés chrétiennes en (1), à la lumière de l'événement pascal (2), afin de donner la signification de (3).

Faits, gestes et paroles de la vie de Jésus de Nazareth sont à considérer dans les évangiles comme annonces et signes de sa résurrection. Un exemple : la guérison du paralysé de Capharnaüm (Marc 2, 1-12), qui se lève et sort de la maison, évoque Jésus ressuscitant et sortant du tombeau ; de fait, l'évangéliste emploie dans les deux cas le même verbe grec, réveiller, ressusciter, à la même forme verbale ; de l'homme paralysé comme de Jésus mort, Marc dit : il fut réveillé ou ressuscité (Marc 2, 12 et 16, 6). La guérison du paralysé est signe et annonce de la résurrection de Jésus.

Une nouvelle attitude

Ce changement de regard entraîne retournement du cœur et changement d'attitude : c'est la conversion. Il faudrait ainsi relire le récit des retrouvailles de Marie-Madeleine et de Jésus après la résurrection (Jean 20, 11-18). Une première fois, selon le texte (v. 14), Marie « se retourne » vers quelqu'un qu'elle prend pour le jardinier. Face à lui, elle lui adresse la parole. A ce moment-là, Jésus lui dit : « Marie ». Une seconde fois alors, selon le texte (v. 16), Marie « se retourne », c'est-à-dire qu'elle se retrouve tournant le dos de nouveau à Jésus, au moment même où celui-ci lui dit : « Ne me touche pas (ou ne me retiens pas) ».

Apparente incohérence — Comment pourrait-elle le toucher, puisqu'elle lui tourne le dos ? — qui a poussé certains traducteurs à remplacer le second emploi du verbe « se retourner » par un verbe plus simple pour la compréhension du récit, « reconnaître » : elle le reconnut. N'est-ce pas là solution de facilité qui banalise et aplatit le texte évangélique aux dimensions de la logique humaine ? La signification de ce récit ne serait-il pas qu'il y a deux « retournements » réels : le retournement physique dans le premier cas, le retournement du cœur dans le second.

Symboliquement, le second retournement signifie que Marie, après avoir retrouvé « son Seigneur », accepte maintenant de le quitter pour aller vers ses frères et leur annoncer la Bonne Nouvelle.

Un nouveau dire :

Dès lors, Marie change sa manière de parler. Au début du récit (v. 13), elle est à la recherche de « son » seigneur, formule qui n'est pas sans évoquer un désir de possession. A la fin du récit, lorsque Jésus lui dit « Va vers tes frères », l'évangéliste souligne : elle alla annoncer « le » Seigneur. Le sens apparaît : ce n'est plus son seul Seigneur à elle, mais le Seigneur de tous, c'est-à-dire le Seigneur de toute la communauté.

Deux récits parallèles : les annonces de l'ange

Pour illustrer ce qui précède, à savoir que les évangiles ont été écrits après la résurrection et à la lumière de l'événement pascal, mettons en parallèle deux textes évangéliques. Le premier raconte l'annonce de l'ange aux bergers après la naissance de Jésus (Luc 2, 8-13), le second l'annonce de l'ange aux femmes après la résurrection de Jésus (Matthieu 28, 2-8). Alors qu'ils ont été écrits par deux auteurs différents et qu'ils racontent des épisodes situés aux extrémités des récits évangéliques, l'un au début, l'autre à la fin, ces deux annonces ont cependant de curieuses ressemblances, à la fois dans la structure identique des récits et dans l'emploi des mêmes mots.

LUC 2, 8-13	MATTHIEU 28, 2-8
Et il y avait, dans le même pays, des bergers vivant aux champs et faisant des gardes de nuit auprès de leur troupeau.	
Et un messager du Seigneur *se présenta à eux*	Un messager du Seigneur, *étant descendu du* ciel *et s'étant approché, roula la pierre et s'assit sur elle.*
et la gloire *du Seigneur les enveloppa de* lumière	*Et son aspect était comme* l'éclair *et son vêtement était blanc comme neige.*
et ils craignirent *d'une grande* crainte.	*Et dans leur* crainte, *les gardes furent bouleversés et devinrent comme morts.*
Et le messager *leur* dit *:*	*Mais ayant pris la parole, le* messager dit *aux femmes :*
« *Ne* craignez *pas,* *car* voici, *je viens vous* annoncer *une* bonne nouvelle, *grande joie qui sera pour tout le peuple :*	« *Ne* craignez *pas, vous,* *je sais en effet que vous cherchez Jésus le crucifié,*
il est né pour vous aujourd'hui un sauveur qui est Christ Seigneur, en la ville de David.	*il n'est pas ici, car il a été réveillé* (= *ressuscité*), *comme il l'a dit.*
Et ceci *est* signe *pour vous : vous* trouverez *un nouveau-né emmaillotté et* couché *dans une mangeoire.* »	*Voyez* ici *l'endroit où il gisait. Et allez dire à ses disciples qu'il a été réveillé d'entre* les morts. *Et* voici*: il vous précède dans la Galilée. Là vous le* verrez. *Voici, je vous l'ai dit.* »
Et soudain, il y eut avec le messager une foule d'armée du ciel *louant Dieu.*	*Et ayant vite quitté le tombeau avec* crainte *et* grande *joie, elles coururent* annoncer *la* nouvelle *à ses disciples.*

La traduction proposée pour ces deux récits tente de respecter le plus fidèlement possible le texte grec des évangiles selon Matthieu et selon Luc.

Cette similitude de construction et l'emploi des mêmes mots ou expressions révèlent une intention identique chez les deux auteurs.

A propos de deux événements totalement différents, l'un et l'autre livrent un seul message, une même Bonne Nouvelle : Jésus est Christ et Seigneur, présent au milieu de vous. De part et d'autre, les signes de sa présence sont les mêmes : le messager — la gloire, l'éclair et la lumière — la crainte qui saisit et bouleverse — la joie.

L'interprétation est la suivante : Jésus que « Dieu a fait Christ et Seigneur » en le ressuscitant (Actes 2, 36), c'est le même qui était dans la crèche. C'est pourquoi, les mêmes mots Christ et Seigneur lui sont attribués de part et d'autre : le vocabulaire de la résurrection est le vocabulaire déjà utilisé à la naissance.

C'est dire que, plus les premières communautés chrétiennes avançaient dans le temps, plus elles « remontaient » dans la vie de Jésus — de sa mort vers sa naissance et même vers le prologue de l'évangile selon Jean (Jean 1, 1-18) — afin de « relire » peu à peu toute sa vie à la lumière de l'événement pascal, événement fondateur de la Bonne Nouvelle et fondateur de la foi chrétienne.

Ce double mouvement — avancée des communautés chrétiennes dans l'Histoire et relecture de la vie de Jésus de Nazareth — est illustré par le schéma de la p. 91.

> En résumé, les évangiles doivent être lus et compris comme des récits catéchétiques, porteurs d'une Bonne Nouvelle et d'un message de foi.
> Ils ont été proclamés, puis écrits après l'événement pascal Mort-Résurrection-Ascension-Pentecôte.
> Ils ont été proclamés, puis écrits à la lumière de cet événement pascal.
> Ils sont à interpréter comme des textes « résurrectifs » dans lesquels Jésus de Nazareth apparaît à travers ses paroles et ses gestes comme Christ et Seigneur.

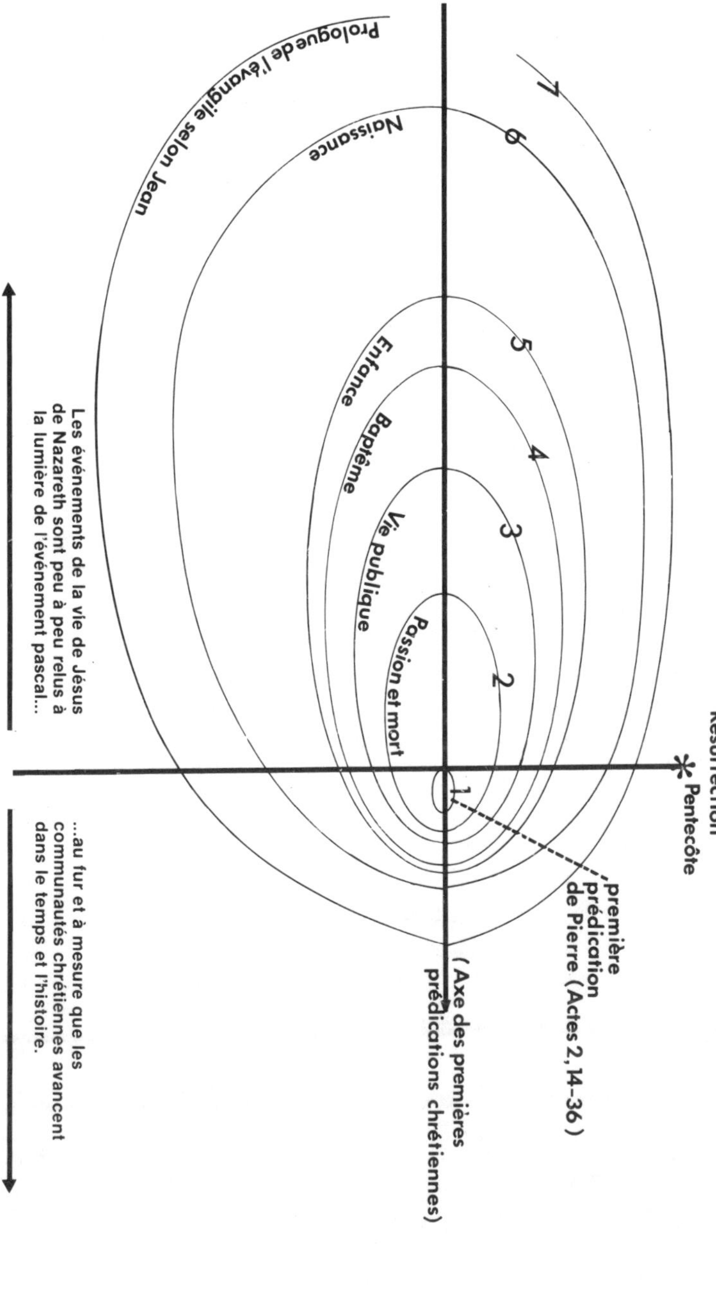
Prologue de l'évangile selon Jean
Naissance
Enfance
Baptême
Vie publique
Passion et mort
1
2
3
4
5
6
7
Résurrection
Pentecôte
première prédication de Pierre (Actes 2, 14-36)
(Axe des premières prédications chrétiennes)
Les événements de la vie de Jésus de Nazareth sont peu à peu relus à la lumière de l'événement pascal...
...au fur et à mesure que les communautés chrétiennes avancent dans le temps et l'histoire.

AUTRES QUESTIONS, QUELQUES RÉPONSES

Pourquoi y a-t-il quatre évangiles et pas cinq ?

Ainsi posée, la question contient implicitement deux questions : S'il s'agit d'un témoignage porté sur Jésus Christ, pourquoi y a-t-il quatre évangiles et non pas un seul ? S'il s'agit de témoignages portés sur Jésus Christ, pourquoi s'être arrêté à quatre ?

Pourquoi pas un seul évangile ?

Sous l'impulsion de l'apôtre Paul, la Bonne Nouvelle de Jésus Christ a été rapidement annoncée autour du bassin méditerranéen. Et c'est dans les diverses communautés chrétiennes rassemblées au nom de Jésus Christ que sont nés les évangiles.

Mais ces communautés, implantées dans des régions aussi différentes que la Palestine, l'Asie Mineure ou la Rome impériale, étaient loin d'être toutes sur le même modèle. Elles vivaient de grandes diversités de situation. Dès lors, le témoignage de foi des rédacteurs des évangiles devait inévitablement être coloré par la mentalité de la communauté à laquelle ils se rattachaient.

Les évangiles sont ainsi quatre approches différentes du même Jésus Christ, quatre échos différents donnés à la même Bonne Nouvelle.

Il est intéressant de noter que, dès les origines, l'Église a accepté et reconnu cette diversité, sans vouloir confondre unité et uniformité. De même que la lumière du jour est

composée des différentes couleurs du spectre de l'arc-en-ciel, ainsi notre approche de Jésus Christ se fait au travers de quatre témoignages différents. Ces témoignages ne s'excluent pas, ils s'enrichissent mutuellement.
Le danger, et il a existé, serait de réduire les quatre évangiles à un témoignage unique. Ce serait enfermer Jésus Christ dans un unique discours et une seule catégorie, alors même qu'il est au-delà de ce que nous croyons ou voulons saisir de lui.

Pourquoi seulement quatre évangiles ?

Si l'on se reporte à l'histoire de la formation des évangiles, on remarque qu'avant que ceux-ci ne soient définitivement rédigés, des textes circulaient déjà dans les communautés chrétiennes. Ces premiers écrits constituèrent les premières pages des évangiles.
De fait, d'autres évangiles que les quatre actuellement connus, ont été écrits dans les premiers siècles, tels l'évangile de Pierre et l'évangile de Thomas, écrit vers la fin du IIe siècle. Pourquoi ne nous reste-t-il que quatre évangiles ?
Petit à petit, à l'usage, les premiers chrétiens se sont aperçus que certains écrits faisaient vivre leurs communautés chrétiennes, nourrissaient leur foi, les aidaient dans leurs choix de vie, leur permettaient de célébrer Jésus Christ dans la liturgie.

A l'inverse, d'autres textes ne furent pas retenus, car les communautés chrétiennes n'y reconnaissaient pas leur foi en Jésus Christ. Certains même leur apparurent fantaisistes, faisant grande part au merveilleux, donnant des détails visant davantage à satisfaire la curiosité de quelques-uns qu'à faire vivre la foi. Ces écrits, que l'on appellera « apocryphes », ne furent pas pris en compte.

Par la suite, dans le contexte de la vie pratique des premières communautés et alors que de nouvelles générations de chrétiens relaient la communauté fondatrice, l'Église fut amenée à faire œuvre légitime de discernement : devant l'ensemble des écrits qui se présentent à elle, elle décide de fixer ce qu'on appellera le « Canon des Écritures », c'est-à-dire la liste « officielle » des écrits de l'Ancien Testament et du Nouveau Testament reconnus comme règle de foi pour les chrétiens.

Doit-on prendre les évangiles au pied de la lettre ?

Non, les évangiles ne sont pas à prendre au pied de la lettre, disent ceux qui, effarés par la dureté de certains passages (relevés au début de ce chapitre), pensent qu'on peut « s'arranger » avec le texte et laisser dans l'ombre ce qui gêne. Mais peut-on faire dire aux textes n'importe quoi ? peut-on trier, tirer la couverture à soi, interpréter les évangiles dans le sens qui plaît ? ne court-on pas le risque de les façonner selon notre bon plaisir et à l'image de notre désir ?
Oui, on doit prendre les évangiles au pied de la lettre, répondent ceux qui, par respect pour une parole sacrée et inspirée par Dieu, pensent que les évangiles sont à prendre comme un tout achevé, à conserver tel quel, avec un sens unique, précis et évident. Mais, répliquera-t-on, cela est impossible, il y a des paroles inadmissibles, des phrases insupportables, des récits utopiques, des contradictions flagrantes.
Une part de vérité existe dans l'un et l'autre points de vue. A quelles conditions peut-on répondre positivement à la

question posée ? quelles raisons poussent à répondre par la négative ?

Arguments pour le « oui »

D'abord, lire un texte, quel qu'il soit, c'est le prendre « au sérieux » et s'appliquer à comprendre au mieux ce qu'il dit. Sans y projeter nos idées et arguments, il faut s'assurer d'une exacte approche du texte et « apprendre à lire » avec objectivité. Des méthodes peuvent aider à découvrir le sens des textes évangéliques, des livres sont une aide indispensable et efficace pour cette recherche (cf. la bibliographie en fin de chapitre). Ces moyens sont autant d'outils qui facilitent la découverte, l'exploration, la compréhension.

Ensuite, il est utile de connaître le contexte historique des évangiles (origine et identité de l'auteur, contexte sociologique et culturel des communautés auxquelles il s'adresse), ainsi que la nature des divers discours tenus : l'auteur a-t-il l'intention de rendre compte de la foi de sa communauté (discours théologique) ? ou bien essaie-t-il de faire comprendre la signification du Baptême ou de l'Eucharistie (discours catéchétique) ?

Enfin, rappelons l'importance de ne pas isoler un texte évangélique, mais de le situer dans un ensemble et de lui donner l'éclairage des récits qui l'encadrent.

Ainsi, mis à distance, les évangiles seront découverts pour eux-mêmes. Avant de se les approprier de façon personnelle, chacun les aura regardés comme « autres » et pourra en recevoir le message.

Arguments pour le « non »

S'il est important de prendre les évangiles « au pied de la lettre » selon les conditions ci-dessus, il faut à l'inverse savoir que, si l'on ne cherche pas la signification d'un texte, celui-ci devient « lettre morte ». Quand une communauté chrétienne écrit « son » évangile sous la plume d'un Matthieu, son intention est de transmettre à d'autres communautés la Bonne Nouvelle de Jésus Christ telle qu'elle la perçoit et la vit, c'est-à-dire de faire une catéchèse sur le message de Jésus Christ.

Cependant, les premiers chrétiens baignaient dans une culture autre que la nôtre ; le terreau où sont nés les évangiles est la vie de ces communautés chrétiennes primitives ; à travers les évangiles, ces communautés disent leur itinéraire de vie avec Jésus Christ. Un texte ne serait donc qu'un ensemble de mots sans signification, si nous ne nous efforçions pas de retrouver ce message vivant et de redonner à notre tour vie à ce message.

Aucun texte ne pourra jamais enfermer la Parole de Dieu et les évangiles ne sont pas un moyen magique qui permettrait de la capter. Mais en tenant ferme sur des exigences de lecture des évangiles et en évitant d'y entendre notre propre voix, nous nous donnons la possibilité de retrouver, au-delà du texte, le souffle de la Parole de Dieu, à travers le témoignage vécu et écrit des premières communautés chrétiennes.

Faut-il croire en la résurrection pour croire en Jésus Christ ?

Lorsque Jésus demande à ses disciples : « Que dit-on de moi ? », ceux-ci répondent : « Les gens pensent que tu es un prophète, Jérémie, Élie, Jean-Baptiste » (Matthieu 16, 13-14).

Actuellement, un journaliste comme Léon Zitrone répond : « C'est un extraordinaire orateur, un visionnaire de génie, un homme très courageux » [1]. D'autres disent : « Jésus Christ s'est sacrifié pour les hommes, il unit les hommes de la terre, il leur dit de se considérer comme des frères ». Gandhi respectait la doctrine du Christ telle qu'elle est présentée dans les évangiles.

A la question de Jésus, Pierre répond : « Tu es le Christ, le fils du Dieu vivant » (Matthieu 16, 16). Le jour de la Pentecôte, le même Pierre dira également : « Jésus de Nazareth, cet homme que Dieu avait accrédité auprès de vous en opérant par lui des signes, des miracles, et que vous avez crucifié, Dieu l'a ressuscité, glorifié et fait Seigneur et Christ » (Actes 2, 22-24 et 36). Cette foi des apôtres après la Pentecôte donne un éclairage nouveau à l'affirmation de Pierre avant la mort-résurrection de Jésus.

Lors de sa profession de foi à Césarée, la réponse de Pierre aurait pu se comprendre dans le sens : Jésus est un homme exceptionnel. Lorsqu'il prend la parole le jour de la Pentecôte, sa profession de foi est d'un autre ordre : il proclame que Jésus est aujourd'hui glorifié, exalté, ressuscité par Dieu son Père.

Si Pierre et les apôtres n'avaient pas eu en Jésus Christ une foi à transporter les montagnes, il n'est pas imprudent de dire qu'ils en seraient restés au découragement des deux disciples d'Emmaüs, quand ceux-ci rentraient chez eux au soir de Pâques (Luc 24, 19-24). La rencontre avec Jésus de Nazareth n'aurait été qu'une belle histoire, qui se termine mal. Il est probable qu'on n'en parlerait plus aujourd'hui.

Telle n'est pas la foi chrétienne en Jésus Christ, c'est-à-dire en Jésus de Nazareth, qui est mort crucifié, mais que Dieu a ressuscité et fait Christ et Seigneur.

Les événements de la vie de Jésus — actes, paroles et enseignements — ont pris un éclairage nouveau après la

---

[1] *Pour vous, qui est Jésus Christ?*, Le Seuil, coll. Foi vivante, n° 136, 1971, 188 pages — pp. 141-142.

résurrection. Ce n'est plus une « belle histoire » que l'on peut se transmettre de génération en génération comme un conte de fée ou une légende. C'est l'Évangile, Bonne Nouvelle appelée à transformer l'histoire du monde.
L'Évangile trouve sa puissance, sa force et sa signification dans la résurrection de Jésus Christ. L'apôtre Paul l'affirme dans sa première lettre aux chrétiens de Corinthe : « Si le Christ n'est pas ressuscité, notre prédication est vide et vide aussi notre foi » (I Corinthiens 15, 17). Croire au Christ sans croire à la résurrection vide la foi chrétienne de toute réalité, car croire en Jésus Christ, c'est précisément croire en Jésus ressuscité.

Peut-on croire aux miracles ?

Les uns trouveront inutile de répondre à une telle question. Pour eux, les miracles sont évidents et ils servent à prouver ce qu'il est difficile d'admettre, à savoir la divinité de Jésus. Dans cette perspective, le miracle est un fait extraordinaire accompli par Jésus avec la toute-puissance de Dieu, en dehors des lois de la nature. Plus le miracle est hors des lois naturelles, plus il est éclatant, plus il est la preuve que c'est Dieu lui-même qui agit directement. « Il faut que Dieu fasse mieux que Superman ou Zorro ! » disent certains. Mais une telle interprétation du miracle met mal à l'aise des esprits modernes imprégnés de pensée scientifique.
Les autres, à l'inverse, « réduisent » les miracles à des faits ordinaires de la vie courante. Dans ce contexte, la multiplication des pains est présentée comme simple partage de ce que chacun a apporté, mais n'osait sortir de son sac : le miracle, c'est que Jésus ait donné envie à chacun de partager le peu qu'il avait. Le miracle de la tempête apaisée se

résume à l'intervention de Jésus, au moment où la barque des apôtres aborde une crique protégée du vent, là où la mer était calme. Ce genre d'interprétations peut paraître humainement séduisant, mais ne tient pas compte de la pensée et de l'intention catéchétique des auteurs.
Les miracles ne doivent être ni « grossis », ni « réduits ». Dans les évangiles en effet, les miracles ont trois composantes : une signification, un climat de foi envers Jésus, un événement qui sort de l'ordinaire et pose question.

Une signification

Les évangiles ne rapportent pas les miracles pour dire que Jésus était capable de faire des choses extraordinaires et justifier ainsi qu'il était le fils de Dieu, ils livrent ces récits pour dire quelque chose du royaume de Dieu. Un exemple : lorsque Jésus guérit le mendiant aveugle, assis sur le bord du chemin, le but de l'auteur qui rapporte ce récit n'est pas d'abord de montrer Jésus accomplissant un acte médical que l'on ne savait pas faire à cette époque, mais de révéler, au-delà de cette guérison, qui est Jésus et quel est son message. En guérissant, Jésus remet un homme debout et en marche, il lui rend sa dignité que la maladie lui avait fait perdre, il lui permet de devenir éventuellement son disciple et d'accueillir le salut proposé à tout homme. La guérison physique est signe et annonce du salut de l'homme. Le miracle est ainsi un geste à double sens, l'important étant l'annonce du salut.

Un climat de foi

C'est pourquoi, le miracle n'est pas le plus souvent de l'ordre du spectaculaire ou du sensationnel. Les miracles opérés par Jésus se passent le plus souvent dans un climat et une ambiance de foi : c'est la condition exigée. Fréquemment, Jésus dit : « Ta foi t'a sauvé ». La preuve en est donnée a contrario lors de son retour à Nazareth où il avait passé son enfance et sa jeunesse : sa parole n'est pas entendue, ses compatriotes ne lui accordent pas leur confiance et, de ce fait, « il ne peut faire là aucun miracle à cause de leur manque de foi » (Marc 6, 5-6). « Nul n'est prophète en son pays » dira Jésus (Luc 4, 24).

Un événement qui pose question

Le fait historique du miracle n'est plus aujourd'hui vérifiable. Il nous faut accepter ce qu'en disent les témoins de l'époque — disciples et apôtres — à travers les récits évangéliques. Mais à la lecture des récits, étant donné les divergences et différences entre les quatre évangiles, il apparaît à l'évidence que l'important n'est pas le fait matériel brut, mais la signification qui en est donnée.
Vouloir découvrir l'exactitude des faits matériels dans un récit évangélique de miracle, c'est prétendre faire dire au texte ce pour quoi il n'a pas été écrit. Sans doute y a-t-il eu un événement — guérison ou résurrection — qui a posé question aux contemporains de Jésus, mais vouloir aujourd'hui restituer cet événement dans ses détails est illusoire et impossible.
Jésus a refusé de faire des miracles pour forcer les gens à croire en lui. Il n'a pas répondu au désir des Juifs qui criaient : « Si tu es le fils de Dieu, descends de la croix ! » (Matthieu 27, 39-40). Le miracle est un signe que Jésus adresse aux croyants pour leur faire découvrir les dimensions du royaume de Dieu. Croire au miracle, c'est donc accepter de découvrir, dans un contexte de foi, le message d'un événement qui pose question, choque ou surprend. Le miracle n'est pas la preuve qui viendrait consolider la foi, c'est la foi qui fait croire au miracle, c'est-à-dire qui fait découvrir le sens caché d'un événement insolite et incompréhensible. Le miracle est ainsi appel à la conver-

sion, signe visible qui révèle l'amour de Dieu pour les hommes.

BIBLIOGRAPHIE

Pierre-Marie BEAUDE, *Jésus de Nazareth*, Desclée, Coll. Bibliothèque d'Histoire du christianisme, n° 5, 1983, 206 pages.
Etienne CHARPENTIER, *Des évangiles à l'Évangile*, Le Centurion, Coll. Croire et comprendre, 1976, 166 pages.
Etienne CHARPENTIER, *Pour lire le Nouveau Testament*, Le Cerf, 1981, 128 pages.
C.H. DODD, *Le fondateur du christianisme*, Le Seuil, 1972, 187 pages.
Collection « Cahiers d'Évangile », Le Cerf, Service biblique « Évangile et Vie », en particulier
n° 3 *Christ est ressuscité*
n° 10 *Pour une première lecture de la Bible*
n° 35 *Une première approche de la Bible*

Chapitre troisième

A-t-on besoin de l'Église pour croire ?

Une telle question : « A-t-on besoin de l'Église pour croire ? » est aujourd'hui de plus en plus brûlante. Dans nos sociétés modernes où hommes et femmes revendiquent leur autonomie et leur indépendance, les croyants eux aussi n'aiment guère qu'une institution ou une instance supérieure vienne « mettre son nez » dans ce qu'ils estiment être leur vie privée.

UNE QUESTION BRÛLANTE

Dieu, oui ! l'Église, non !

C'est un fait, chez beaucoup d'adultes et pour la majorité des jeunes, l'Église n'est pas bien cotée sur le marché des valeurs. A la suite des autres institutions — comme l'Armée, l'École, l'État, la Justice, la Police — elle subit l'assaut de nombreuses contestations. Les reproches ne lui sont pas épargnés et les critiques lui arrivent de toutes parts.

Voici un écho de réactions entendues :

> ***Je crois et j'ai ma conscience pour moi, qui me dit ce que je dois croire et si ce que je crois est bien.***
>
> ***Je crois, je n'ai pas besoin de l'Église pour me dire ce que j'ai à croire.***
>
> ***Ma foi est dans la vie, l'Église est le plus souvent à côté de la vie : ce qu'elle dit n'intéresse pas ma foi.***
>
> ***L'Église parle d'un autre monde : elle est toujours ailleurs, elle ne peut apporter de réponse aux questions des hommes. D'ailleurs, chaque fois qu'elle en parle, elle en parle mal.***
>
> ***Que Dieu soit amour, je le crois. Mais lorsque l'Église parle de l'amour humain, c'est pour mettre des bâtons dans les roues. Mon amour, ça regarde Dieu, pas l'Église.***
>
> ***Ma foi, c'est mon affaire, pas celle de l'Église et des curés. Je n'ai pas besoin d'eux pour être en relation avec Dieu.***

A travers ces réactions apparaît un évident conflit entre l'individu croyant qui ressent sa foi comme affaire strictement personnelle et l'Église qu'il perçoit comme une mégère prétentieuse qui veut se mêler de sa vie et avoir son mot à dire sur la façon dont il se comporte dans son existence quotidienne.

Le chrétien qui tient ces propos s'estime être dans son bon droit quand il revendique son indépendance et qu'il refuse toute ingérence étrangère sur le territoire de sa vie privée, c'est-à-dire de sa relation personnelle avec Dieu. Pour lui, ceci est une évidence : Dieu, oui, l'Église, non !

L'Église, ce corps étranger

Il est certain que, dans cette perspective, la séparation est totale entre le chrétien et l'Église. D'un côté, il y a le croyant et ce qu'il appelle « sa foi » ; de l'autre, l'Église avec ses ordres, ses interdits et ses prétentions à s'immiscer dans la vie des croyants. Entre les deux, le fossé. C'est dire qu'une telle situation fait apparaître l'Église comme un corps étranger duquel le croyant ne se veut nullement partie prenante, mais qu'il juge comme une institution seulement curieuse de s'infiltrer dans son existence pour gérer et diriger celle-ci à sa guise.

> ***En 1973, à la suite des propositions de Mgr. Guy Riobé sur les problèmes de défense et de désarmement, l'amiral de Joybert répliquait à l'évêque d'Orléans : « Halte-là ! Messieurs de la prêtrise, voulez-vous, s'il vous plaît, vous mêler de vos oignons ! »***
> ***En 1982, après la parution du document de l'épiscopat français*** **Pour de nouveaux modes de vie** [1], ***Claude Labbé, président du groupe R.P.R. à l'Assemblée nationale, estimait « maladroite » la réaction des évêques, jugeait leurs prises de position « angéliques et peu réalistes »*** **(Le Monde,** ***16 décembre 1982) et déclarait · « Moins la hiérarchie catholique parle de politique et plus elle s'occupe de la propagation de la foi, mieux cela vaut ! »***

Autrefois et jusqu'à des années encore récentes, dans les villages, le curé était consulté aussi bien pour régler un

---

[1] Déclaration du Conseil permanent de l'épiscopat français sur la conjoncture économique et sociale, 22 septembre 1982, Le Centurion, 59 pages.

différend familial que pour donner son avis sur un partage de terres : « Dites-nous, Monsieur le curé, ce que vous en pensez ! ». Dans ce contexte, l'Église n'était pas considérée comme étrangère à la vie familiale et à la vie de la commune ; le curé était perçu comme le médiateur dont les conseils tenaient –– dans l'esprit de ses ouailles — à la fois du bon sens humain et de la réflexion chrétienne. La distinction entre vie et foi était une question hors de propos.

Aujourd'hui, à l'inverse, le croyant désire faire la part des choses : il sépare les réalités et défend l'autonomie de sa vie profane. Il s'en va rarement trouver le prêtre de sa paroisse pour lui demander conseil sur la gestion de ses affaires temporelles. Par contre-coup, la tendance naît spontanément de distinguer lieux de la vie et lieux de la foi. La foi se développe alors de plus en plus dans le secteur de la seule vie privée : Je suis croyant et je crois en Dieu, je ne vois pas l'utilité de l'Église et n'ai nul besoin d'elle pour m'aider à croire. L'Église est perçue comme hors-jeu ou hors de question, sans intérêt.
Seulement, on peut s'interroger : Dans cette situation, n'est-ce pas le croyant qui se met lui-même dans un hors-jeu social, c'est-à-dire hors de toute relation avec les autres croyants ?

Hors de l'Église, pas de salut !

A l'opposé, se trouvent des hommes et des femmes qui ont toujours besoin de l'Église pour croire : ils semblent ne pas pouvoir se passer d'elle ni exister sans elle, ne pas pouvoir dire leur foi en dehors des paroles officielles de l'Église,

comme s'ils craignaient de se tromper ou n'osaient risquer quelque parole personnelle.
Ils s'accrochent à l'Église de façon soumise et craintive comme l'enfant aux jupes de sa mère. Ils sont respectueux jusqu'au scrupule des discours de l'Église en matière de foi ou de morale et sont sans cesse préoccupés de rappeler « la bonne et saine doctrine » à temps et à contre-temps.
Pour ces croyants, la traditionnelle formule « Hors de l'Église pas de salut ! » prend son sens le plus strict et le plus étroit. Ils estiment que le salut est dans le retranchement à l'intérieur des discours officiels de l'Église et des formules de foi dûment estampillées par la hiérarchie ecclésiastique et les autorités compétentes. Selon eux, la foi ne peut être valable que si l'on redit ce qui a toujours été dit par l'Église et tel que cela a été dit au cours des siècles. En dehors de là, la foi ne peut être validée, elle ne peut être que soupçonnée de dangereux déviationnismes.

Telles sont les deux attitudes opposées, et sans nul doute schématisées, que l'on rencontre actuellement chez les chrétiens.
Se demander « A-t-on besoin de l'Église pour croire ? », ce n'est donc pas une question impertinente dans un livre où l'on s'interroge sur ce qu'est croire. Plus particulièrement la question suivante se pose : comment sortir des deux attitudes précédemment décrites et qui se révèlent des impasses ?

LE CHRÉTIEN VIT SA FOI EN COMMUNAUTÉ

Quelle que soit sa religion, le croyant n'est pas un être solitaire. Il se rattache à un groupe, à une secte, à une communauté, à une Église, où il partage ses aspirations et convictions avec ceux qui ont la même identité de vues que lui. Le chrétien n'échappe pas à cette situation : lui non plus ne vit pas isolé ; son expérience de foi en Jésus Christ, il ne peut la vivre et en vivre qu'au sein d'une communauté. Trois « clefs » permettent de comprendre cette situation.

Première clef : L'homme est un être de relation

Le chrétien qui croit en Jésus Christ mort et ressuscité n'échappe pas à sa condition humaine. Comme tout être humain, il est un être de relation et de communication.

La parole est le propre de l'homme

Parole et langage, verbaux ou gestués, sont le signe privilégié de l'humain. Dès que « ça » parle et quand « ça » parle, il y a « de l'homme ». C'est dans le langage que l'être humain trouve son identité d'homme. L'acquisition du langage par l'enfant est la condition et le signe de son entrée dans le monde. A l'inverse, l'être qui n'accède pas au langage n'accède pas à l'univers humain. Les troubles du langage sont reconnus comme des troubles de la personnalité : l'être qui refuse sa parole, l'aphasique, refuse de vivre avec les hommes ; de même, l'amnésique perd avec le langage de la mémoire jusqu'à son identité. Plus que l'écriture et la lecture qui n'en sont que les prolongements, la parole est première. Et là où il n'y a pas de parole, verbale ou gestuée, il n'y a pas d'homme. Il n'est donc pas exagéré de dire : je suis (du verbe « être ») mon langage, je me fais par mon langage.

L'homme s'entretient comme homme par la relation

Tout être humain existe et se fait exister, parce qu'il « entretient » des relations. Chacun connaît le sens du verbe « entretenir » : entretenir signifie soigner, protéger, afin de faire durer ou prolonger l'existence d'un lieu, d'une maison, d'un feu, d'un objet ; s'entretenir avec quelqu'un, c'est lui parler dans un dialogue ou une conversation qui dure et se prolonge. Le mot « entretien » a ainsi double signification : il signifie d'une part le soin que l'on apporte pour conserver quelque chose en bon état — entretien d'une maison ou d'une voiture —, d'autre part l'entrevue qui se prolonge entre deux ou plusieurs personnes — entretien téléphonique —.

On peut affiner cette double définition du terme « entretien ». En effet, une conversation ne peut s'entretenir, c'est-à-dire se prolonger, que si elle est « entretenue », soignée, protégée du vide ou de l'ennui. L'entretien d'une conversation, à savoir le soin que l'on prend à la faire durer et exister, prolonge l'entretien entre interlocuteurs et partenaires d'une conversation. Mais dans le même temps où ceux-ci se parlent et s'entretiennent par paroles et gestes interposés, ils entretiennent réciproquement leur existence : ils se protègent de l'inexistence, se soignent par la reconnaissance mutuelle, se font vivre et exister. On dira : « Ça m'a fait du bien de vous parler. Vous m'avez remonté le moral ! J'ai eu du plaisir à m'entretenir avec vous… »

L'entretien est cet échange de paroles entre deux personnes qui fait ainsi naître deux « Je » l'un à l'autre, l'un par l'autre. Et c'est parce que ces « je » s'entretiennent qu'ils « se tiennent » : ils se font mutuellement exister et se constituent comme personnes l'un par l'autre.

Pour le chrétien, les conditions d'existence sont les mêmes. Pour qu'il puisse entretenir sa foi, c'est-à-dire la faire exister et la faire durer, le chrétien ne peut le faire qu'avec et par les autres. L'entretien de la foi personnelle, sa conservation et son développement, passent par la relation et l'entretien avec les autres chrétiens.

Deuxième clef : Le chrétien ne peut rencontrer Dieu face à face

La tendance spontanée de beaucoup de chrétiens est de vouloir communiquer directement avec Dieu. Pouvoir entrer en relation immédiate avec Dieu, c'est ce qu'ils souhaitent. Ce serait si simple !

Face à face avec Dieu ? ...

Envie, désir ou rêve, Moïse a éprouvé la même aspiration : voir Dieu en face. Sur l'ordre de Dieu, il fait sortir les Hébreux de l'Égypte, il les conduit vers la Terre Promise, la route est dure et longue à travers le désert, le peuple se révolte. Moïse voudrait avoir la certitude que tout cela n'est pas illusion. Il voudrait voir celui qui le guide et pour qui il travaille. Simplement peut-être pour se rassurer qu'il est sur la bonne route.
Alors, un jour, sur la montagne du Sinaï, il ose. Dans une formule où perce l'inquiétude, il demande à Yahweh : « Fais-moi voir ta face ! ». Dieu lui répond : « Tu ne peux voir ma face, car l'homme ne saurait me voir et vivre. Mais voici une place près de moi, tu te tiendras sur le rocher. Quand passera ma gloire, je te mettrai dans le creux du rocher et de ma main je t'abriterai, tant que je passerai. Puis j'écarterai ma main et tu me verras de dos, mais ma face, on ne peut la voir » (Exode 33, 18-23).

Récit imagé qui révèle que Dieu est inaccessible et insaisissable directement. Et Moïse découvrira au jour le jour que la rencontre de Dieu se fait par la fidélité à l'alliance, le respect du sabbat et des commandements, l'observation de la loi, bref par toute la vie de la communauté des fils d'Israël (cf. Exode, chap. 34 et suivants).

... ou face à face avec les frères ?

Au terme de la révélation chrétienne, l'apôtre Jean reprend la même perspective, en particulier dans sa première lettre.

Une première phrase de cette lettre peut se formuler sous la forme d'une devinette. Elle commence ainsi (1 Jean 3, 14) :

> « Nous, nous savons que nous sommes passés
> de la mort à la vie, parce que... »

Une question se pose : quelle raison Jean va-t-il donner ? quelle pourrait être la bonne réponse selon la logique humaine ?

— Parce que Dieu a envoyé son fils unique pour nous sauver ?
— Parce que le fils de Dieu est venu habiter chez nous ?
— Parce que Dieu a ressuscité Jésus de Nazareth ?
— Parce que Jésus est ressuscité et qu'il est fait Christ et Seigneur ?
— Parce que Jésus Christ nous a libérés du péché ?
— Parce que ... ?

Aucune de ces réponses n'est celle proposée par Jean qui conclut sa phrase en écrivant : « Nous, nous savons que nous sommes passés de la mort à la vie parce que nous aimons les frères » et en ajoutant : « Qui n'aime pas demeure dans la mort » (1 Jean 3, 14).

Poursuivant sa réflexion, il précise (1 Jean 3, 16), et ce peut être l'objet d'une seconde devinette :

« En ceci nous avons connu l'amour de Dieu :
celui-ci a donné sa vie pour nous
et
nous devons donner nos vies pour ... »

Une fois de plus, la logique du raisonnement humain exigerait que la finale de la phrase soit : « pour Dieu ». Si Dieu a en effet donné sa vie pour l'homme, il serait normal qu'en retour, l'homme donne sa vie pour Dieu. Donnant donnant, c'est souvent le principe des échanges humains. Il n'en est pas de même avec Dieu. Comme précédemment, la fin de la phrase est : « pour les frères » (cf. aussi 1 Jean 4, 11).

Dans l'un et l'autre cas, cela signifie d'une part que le chrétien *prolonge* vers ses frères l'amour dont Dieu l'a gratifié et dont il se reconnaît l'heureux bénéficiaire, d'autre part qu'en aimant ses frères, il *manifeste* qu'il croit en cet amour gratuit que Dieu a eu le premier pour lui. Dieu fait vivre le chrétien pour qu'à son tour il fasse vivre les autres.

CELUI-CI
a donné
sa vie
pour
NOUS devons donner nos vies pour LES FRÈRES

Une telle perspective ne signifie pas que les autres sont les « moyens » utilisés par le chrétien pour montrer qu'il aime Dieu. L'amour envers les autres est au contraire la preuve et le signe que je crois en l'amour que Dieu le premier me porte et porte à chaque homme : chacun se fait ainsi le

prolongateur de l'amour de Dieu vers les autres. Chacun prolonge vers les autres la vie qu'il a reçue de Dieu en aimant les autres de l'amour même dont Dieu l'aime.
Et c'est dans cette relation aux autres que le chrétien entre en relation avec Dieu et le rencontre authentiquement. Croyant à l'amour que Dieu met au cœur des hommes, il prend soin de rencontrer les autres pour y découvrir et reconnaître le Dieu Amour.

Troisième clef : Ainsi est née l'Église

L'Église est née de la foi des apôtres. Après la mort de Jésus de Nazareth, c'est dans un premier temps le découragement, la lassitude, la déception et la peur chez les disciples. Les uns s'enferment à clef, le soir de Pâques, par crainte des Juifs (Jean 20, 19). D'autres, tels Cléophas et son compagnon, quittent Jérusalem et prennent la route d'Emmaüs pour s'en retourner chez eux, pleins de tristesse : pour eux, tout est fini (Luc 24, 17-24).

Le premier cri de la foi

Pourtant, ce sont ces mêmes disciples qui, poussés par l'Esprit et surmontant leur peur, sortent et clament leur foi en Jésus Christ, mort et ressuscité, aux Juifs venus de partout et rassemblés à Jérusalem pour la fête de Pentecôte. Et Pierre, le premier, affirme au nom de ses frères (Actes 2, 14-36) :

- Ce Jésus que vous avez crucifié
- Dieu l'a ressuscité
- Nous en sommes témoins
- Convertissez-vous

Tel est le cri initial des apôtres, cri de témoins qui attestent au grand jour et publiquement que Jésus est le Christ, vivant au-delà de la mort. Ce cri que l'on a appelé « kérygme » (du mot grec « kérygma » qui signifie « proclamation »), est le noyau central de la foi chrétienne. C'est parce que des hommes, les apôtres, ont lancé ce cri et affirmé : « Dieu l'a ressuscité, ce Jésus, nous en sommes témoins » (Actes 2, 32), que d'autres, sur la foi de leur témoignage, ont à leur suite cru en Jésus Christ.

Le livre des *Actes des Apôtres* raconte au fil des pages comment la Bonne Nouvelle s'est progressivement répandue de Jérusalem jusqu'aux « confins du monde » de l'époque, le Bassin méditerranéen, pour atteindre la « capitale des nations », Rome. La proclamation du kérygme, primordiale pour les premiers chrétiens, est exprimée à plusieurs reprises dans le livre, écho de l'expérience que l'Église primitive fait peu à peu du Christ vivant :

Premier discours de Pierre : Actes 2, 22-24 ; 2, 32 ; 2, 36-37.
Second discours de Pierre : Actes 3, 13-19.
Premier discours de Pierre au Sanhédrin : Actes 4, 10-12.
Second discours de Pierre au Sanhédrin : Actes 5, 30-32.
Intervention de Pierre chez Corneille : Actes 10, 37-43.
Prédication de Paul aux Juifs : Actes 13, 16-39.

L'Église est née de la parole de foi de ces témoins. La foi chrétienne de l'Église d'aujourd'hui repose sur le témoignage de ces premières communautés chrétiennes, repris de génération en génération au cours de l'Histoire. Ces communautés ont adhéré à la foi des apôtres, reçu le kérygme et continué à l'annoncer. Notre foi s'inscrit dans cette Tradition vivante de l'Église, née elle-même d'un premier cri de foi.

La vie des premières communautés chrétiennes

Les premiers chrétiens se sont rassemblés d'abord à Jérusalem, puis à Antioche et Éphèse, avant de s'établir autour du Bassin méditerranéen. Déjà on parle d'« Église », c'est-à-dire d'« assemblée convoquée » (selon l'étymologie du mot grec « ek-klesia »). Les chrétiens prennent conscience d'appartenir à une assemblée convoquée par Dieu, au nom de Jésus Christ, et faisant l'expérience nouvelle de la présence de l'Esprit Saint.
Le début des *Actes des Apôtres* (chapitres 1 à 5) donne des précisions sur ce qu'était la vie de la première communauté chrétienne de Jérusalem: son organisation, ses exigences pour manifester sa foi au Christ ressuscité, ses recherches pour témoigner du visage du Christ au milieu des Juifs et des païens.

> « D'après ce que nous savons des premières communautés chrétiennes, le lieu où l'on trouve à la fois une assemblée réunie et une parole transmise au nom du Seigneur, c'est avant tout le baptême : c'est là que l'annonce de l'Évangile donne naissance à la foi et que la foi est reçue et confessée dans l'Église [1]. »
>
> *Jacques Guillet*

Cette première communauté semble avoir servi de référence aux communautés chrétiennes qui se forment par la suite. Cela peut expliquer la description parfois « idéalisée » que l'auteur des *Actes* présente : cette communauté est en effet appelée à servir de « modèle » aux autres, même si elle n'a pas été épargnée par les difficultés, conflits, tensions et aussi par les problèmes d'argent (cf. la fraude du couple Ananie et Saphire, Actes 5, 1-11).

---

[1] *Les premiers mots de foi : de Jésus à l'Église,* Le Centurion, coll. Croire et comprendre, 1977, p. 30.

Cette communauté de Jérusalem porte témoignage de sa foi dans la vie quotidienne. On y est particulièrement attentif autant à l'unité qu'au rayonnement de la communauté (Actes 2,42-47), ainsi qu'à la mise en commun volontaire des biens (Actes 4,32-35). Cette communauté nourrit et célèbre sa foi : « Ils étaient assidus à l'enseignement des apôtres, à la communion fraternelle, à la fraction du pain et aux prières » (Actes 2,42).
Telles sont deux dimensions primordiales de la vie de la communauté chrétienne primitive :

> *Enseignement et prédication :* On se rappelle les souvenirs de la vie de Jésus de Nazareth. Mais la résurrection apporte un regard nouveau sur sa vie et donne une signification nouvelle à ses actes et paroles. Dès lors apparaissent les premiers mots de la foi en Jésus, ressuscité et fait Christ et Seigneur.
> *Vie liturgique :* La communauté se rassemble pour prier et affirmer sa foi, ainsi que pour célébrer le Baptême et l'Eucharistie.

Peu à peu, la profession de foi prendra la forme d'un « Credo » qui reprend les éléments du kérygme et se proclame au cours des célébrations. Dans sa première lettre aux chrétiens de Corinthe, écrite vers les années 50-55, Paul nous a livré l'une de ces professions de foi, qu'il déclare « transmettre comme il l'a lui-même reçue ». Voici ce « Credo », le plus ancien que nous connaissons dans l'Église :

« Christ est mort pour nos péchés
selon les Écritures,
il a été enseveli,
il est ressuscité le troisième jour
selon les Écritures,
il est apparu à Céphas, puis aux Douze. »

(1 Corinthiens 15,3-5)

Tel est le signe de reconnaissance de la communauté chrétienne primitive. Et ainsi est née l'Église :

> du cri de foi des apôtres
> inspiré par l'Esprit
> et
> repris par les premières communautés.

L'Église a surgi du cri de foi des apôtres, la foi des premiers chrétiens a fait naître les premières communautés.

L'ÉGLISE
FAIT LE CHRÉTIEN
LE CHRÉTIEN
FAIT L'ÉGLISE

Si l'homme est un être de relation, si le chrétien ne peut vivre sa foi hors d'une communauté de croyants, si l'Église s'est constituée avec les premières communautés chrétiennes, il apparaît évident de répondre par l'affirmative à la question posée par le titre de ce chapitre — A-t-on besoin de l'Église pour croire — et de dire : Oui, on a besoin de l'Église pour croire. Mais la réponse n'est sans doute pas si simple et l'interrogation ne peut-elle pas se renverser : si le croyant a besoin de l'Église pour croire, l'Église n'a-t-elle pas besoin du croyant pour exister ?

De quelle Église parlons-nous ?

Avant de poursuivre notre réflexion, il est nécessaire de préciser le vocabulaire. Il y a en effet deux façons de comprendre le mot « Église ». Si l'on examine des définitions données au cours de l'Histoire, il est facile de repérer que le terme « Église » a reçu deux significations : l'Église est présentée soit comme institution, soit comme communauté.

L'Église comme institution

Aujourd'hui, dans le langage habituel de la conversation et des mass media, lorsque le mot « Église » est prononcé, il est fait allusion le plus fréquemment à l'Église en tant qu'institution, fonctionnant comme d'autres institutions, telles la Famille ou l'École, avec ses structures, sa hiérarchie, ses rouages spécifiques. L'Église est alors perçue comme une société ordonnée et organisée, composée de membres aux fonctions diversifiées.

> ***« L'Église est la* société *de tous les chrétiens soumis à Notre Saint Père le Pape. »***
>
> Abbé Vandepitte, *Catéchisme de première communion* (Cambrai, 1909, Leçon XIV, question 1)

> ***« L'Église est la* société *des fidèles dont le Pape est le lien. »***
>
> Mgr. H. Convert, *Catéchisme du Saint Curé d'Ars* (Librairie Emmanuel Vitte, 1940, 286 pages), p. 219.

> ***« L'Église est la* société *de tous les chrétiens, fondée par Jésus Christ et gouvernée par le Pape et les Évêques unis au Pape. »***
>
> Chanoines Quinet et Boyer, *Petit catéchisme à l'usage des diocèses de France* (Mame, 1947, 122 pages), p. 50.

Dans cette perspective, le regard porté sur l'Église se fait souvent à partir d'analyses sociologiques : on observe comment elle est structurée, comment elle fonctionne, comment s'y exercent les pouvoirs. Mais à la limite, l'Église se réduit parfois à la seule hiérarchie ecclésiastique, c'est-à-dire au pape et aux évêques.

L'Église comme communauté

A l'inverse, le mot « Église » revêt, non plus le sens de « société », mais celui de « communauté ». C'est le langage habituel des catéchismes, qui correspond à la définition donnée par les premiers apôtres : le terme retenu par eux était le mot grec « ek-klesia », d'où est issu le mot « Église » et qui signifie « assemblée convoquée ».

> « ***Église signifie*** **assemblée.** ***Par ce nom, nous entendons la*** **multitude** ***des fidèles qui font profession de servir Dieu suivant la vraie religion que lui-même a enseignée, qu'ils ont apprise de leurs pères et conservée fidèlement sans rien y changer.*** »
>
> Abbé Claude Fleury (1640-1723), *Catéchisme historique,* Leçon IX, « De l'Église ».

> « ***Saint Paul enseigne que l'Église est le*** **corps du** ***Christ : le Christ en est la tête, nous en sommes les membres.*** »
>
> *Catéchisme biblique* (Le Cerf, traduit de l'allemand, 1961, 400 pages), Question 87, p. 124.

> « ***L'Église,*** **bergerie** ***de Jésus : Je suis le bon Pasteur.*** »
>
> Françoise Derkenne, *La Vie et la Joie au catéchisme,* 1re année (De Gigord, 1964, 328 pages), p. 181.

> « ***Ces relations entre les chrétiens font penser à celles qui existent entre les membres d'un même***

corps *vivant. Ce corps organisé, hiérarchisé, c'est l'Église.*»

Odile Dubuisson, André Polaert, *Dans ta maison fais-moi grandir*, Livre du maître (I.S.P.C., Fayard-Mame, 1964, 170 pages), p. 146.

***«Jésus a voulu que son Église,* communauté *de foi, d'espérance et de charité, soit un* organisme *visible et structuré, composé de membres aux fonctions diverses. Voici la* famille *de Dieu, l'Église. Chacun y a son travail.*»**

Qui es-tu Seigneur?, Livre du catéchiste, (Mame, 1968, 272 pages), pp. 243 et 247.

Dans cette perspective, l'Église est perçue comme un rassemblement, une multitude; elle est comparée à une famille, à un corps fait de membres différents, à un peuple, à un troupeau rassemblé autour de son pasteur. On dira ainsi que les chrétiens ensemble «font Église» et que chaque chrétien est appelé, invité, convoqué à «faire l'Église».

C'est ce que nous voudrions maintenant montrer: de par sa nature, tout chrétien est de droit habilité à faire l'Église.

L'histoire de la rédaction de la *Constitution dogmatique sur l'Église* (qui commence en latin par les mots «Lumen gentium») est révélatrice du changement de mentalités qui s'est opéré, lors du Concile Vatican II, dans l'esprit des pères conciliaires.

Le premier projet (de 1962) et le second (de 1963) proposaient le plan suivant (pour les trois premiers chapitres):

Chap. 1: Nature de l'Église militante.
Chap. 2: Les membres de l'Église militante et nécessité de l'Église pour le salut.
Chap. 3: L'épiscopat comme degré suprême du sacrement de l'Ordre et du Sacerdoce.

Le texte définitif — troisième rédaction — sera adopté en

1964 avec le plan suivant, significatif d'un renversement de perspective :
Chap. 1 : Le mystère de l'Église.
Chap. 2 : Le *Peuple de Dieu.*
Chap. 3 : La constitution *hiérarchique* de l'Église et spécialement l'épiscopat.

La foi est la clef d'entrée dans l'Église

A lire attentivement le récit de la profession de foi de Simon-Pierre dans l'évangile selon Matthieu (16, 13-20), trois remarques s'imposent :
— Simon fait profession de foi en reconnaissant Jésus comme « Christ et fils du Dieu vivant » et apparaît ainsi aux yeux de Jésus comme étant l'objet d'une révélation du Père : « Cette révélation t'est venue de mon Père qui est dans les cieux ».
— Ayant fait profession de foi en Jésus reconnu Christ, Simon reçoit un autre nom, Pierre : il change d'identité et devient un homme autre.
— Ayant fait profession de foi et ayant reçu un nouveau nom, Pierre reçoit une mission à l'intérieur de l'Église de Jésus Christ.

Alors que les *Actes des Apôtres* et les épîtres parlent fréquemment de l'Église, les quatre évangiles n'emploient pas le mot, sauf Matthieu en deux endroits :
« Tu es Pierre et sur cette pierre je bâtirai mon Église » (16, 18).
« Si le coupable refuse d'écouter les témoins, dis-le à l'Église, et s'il refuse d'écouter même l'Église, qu'il soit pour toi comme le païen » (18, 17).

Comme ce récit a été rédigé après l'événement pascal, ainsi qu'il a été dit au chapitre précédent (pages 66-72), il découle de ces remarques quatre conséquences, d'abord pour les premiers chrétiens qui entendaient ce récit évangélique, ensuite pour tout chrétien qui le lit ou l'écoute aujourd'hui. Ces conséquences sont les suivantes :

— L'Église est le rassemblement de ceux qui, comme Pierre, font profession de foi en Jésus Christ mort et ressuscité : l'Église est une communauté de croyants.
— La profession de foi en Jésus Christ mort et ressuscité est la condition pour se reconnaître de l'Église de Jésus Christ : croire en Jésus Christ, c'est être d'Église ; être d'Église, c'est croire en Jésus Christ.
— Ceux qui font profession de foi en Jésus Christ et font ainsi leur entrée dans l'Église, sont de droit constructeurs à part entière de cette Église. « Vous-mêmes, puisque vous êtes pierres vivantes, écrit Pierre qui sait par expérience de quoi il parle, *bâtissez*-vous [1] en édifice spirituel, vous qui jadis n'étiez pas un peuple et qui êtes maintenant un peuple » (1 Pierre 2, 5 et 10). Pour Pierre, croire en Jésus Christ et bâtir l'Église sont deux choses liées et indissociables.
— Le croyant en Jésus Christ n'est donc pas extérieur à l'Église : il fait partie de la maison, inséré dans les pierres de l'édifice, intégré à la construction. Sa foi lui donne un « droit d'entrée ». C'est ce que dit aussi l'apôtre Paul : « Vous êtes de la maison de Dieu, ayant été *bâtis* [2] sur la fondation des apôtres et des prophètes, le Christ Jésus lui-même étant pierre d'angle. En lui, toute *bâtisse* s'ajuste et grandit en un temple saint

[1] Le verbe grec ici utilisé « oiko-domeô », bâtir une maison, est le même que celui de la phrase de Jésus : « Je bâtirai mon Église » (Matthieu 16, 18).

dans le Seigneur. En lui, vous aussi, vous êtes *bâtis* ensemble pour devenir demeure de Dieu dans l'Esprit » (Éphésiens 2, 19-22).

Le chrétien est institué chrétien par l'Église

L'Église n'est ni une démocratie où serait voté à la plus large majorité ce qu'il faudrait croire, ni une monarchie où ce qui est à croire serait imposé de façon autoritaire et inconditionnelle, ni une anarchie où chacun aurait possibilité de croire ce qui lui plaît ou lui convient.
Tout chrétien est un héritier : il reçoit des générations antérieures les mots de la foi. Mais tout chrétien est aussi appelé à être lui-même : la transmission des mots de la foi n'est pas mécanique, l'héritage est réévalué par celui qui le reçoit et le prend à son compte. Pour vivre en chrétien, il est nécessaire de ne pas se contenter de subir l'héritage du passé, mais de réagir sur cet héritage et ce passé. La Tradition devient le creuset d'une expérience nouvelle, le tremplin pour une nouvelle aventure.

Un schéma à trois termes

Trop souvent, la Tradition est comprise et interprétée comme étant pure et simple répétition. L'enfant ou le jeune catéchisé aurait simplement à recevoir ce que dit le catéchiste, sans avoir son mot à dire et sans exprimer sa propre parole. Le schéma serait à deux termes :

Tradition ——→ Reddition

Dans ce cas, ce qui est livré et donné au catéchisé est ce qui devra être « rendu », restitué. Ni la personnalité de celui qui transmet la Bonne Nouvelle de Jésus Christ, ni le terrain dans lequel tombe cette Bonne Nouvelle n'interviendraient : il ne serait pas permis à celui qui transmet et à celui qui reçoit de dire une parole personnelle.

Il semble au contraire — et l'Histoire de l'Église le prouve — qu'un troisième terme est indispensable pour éviter la simple et banale répétition. C'est la « réception », c'est-à-dire l'acte responsable de personnes ou de groupes qui reçoivent la Bonne Nouvelle, se l'approprient personnellement et disent à leur tour, mais à leur façon, « Je crois ». Ce schéma à trois termes redonne vie à une idée ancienne qui remonte aux Pères de l'Église et se représente de la manière suivante :

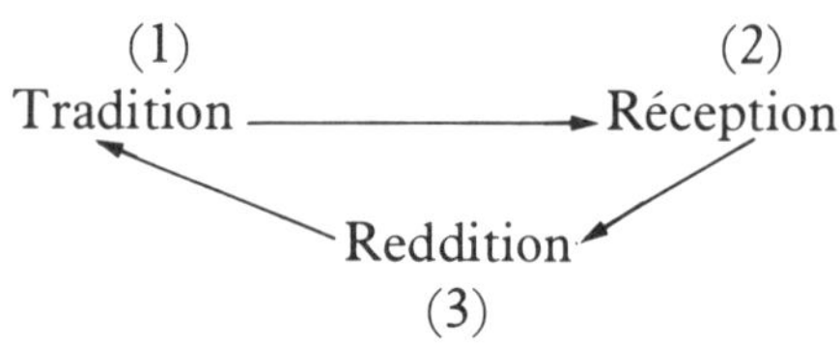

Une parole de foi en trois actes

Les mots français — tradition, réception, reddition — ont cependant acquis avec le temps une coloration passive. C'est pourquoi, il est préférable de reprendre les termes latins anciens et traditionnels, afin de retrouver la dynamique de la parole de foi : « traditio » est l'acte de livrer la Bonne Nouvelle, « receptio » est l'acte de la recevoir, « redditio » est l'acte de la restituer.

Traditio : La « traditio » est liée à des expériences et des événements précis intervenant dans un moment donné. Puisqu'elle s'appuie principalement sur des textes et des témoignages, la catéchèse cherche ainsi dans quels événements les chrétiens, des premières communautés et au cours de l'Histoire, ont fait éclore ces paroles de foi. Nous, chrétiens du XXe siècle, nous ne sommes pas les premiers chrétiens, nous ne sommes pas à nous-mêmes notre propre origine, notre foi ne part donc pas de rien.

Receptio : La « receptio », c'est recevoir les paroles de foi venues d'hier et d'ailleurs pour les faire retentir dans l'existence d'aujourd'hui. Appartenir à tel groupe social, vivre en tel pays du monde, faire partie de telle communauté chrétienne, cela influence inévitablement la manière de dire la foi. « Les façons d'évangéliser varient suivant les diverses circonstances de temps, de lieu, de culture. L'évangélisation perd beaucoup de sa force et de son efficacité, si elle ne prend pas en considération le peuple concret auquel elle s'adresse, n'utilise pas sa langue, ses signes et symboles, ne répond pas aux questions qu'il pose, ne rejoint pas sa vie concrète » [1].

Redditio : La « redditio », c'est l'acte de restituer, de « rendre » ce qui a été « reçu ». Mais ce « retour » n'existe d'une part que si ce qui a été « reçu » a été compris et intériorisé de façon personnelle par l'individu croyant. D'autre part, ce « retour » est concrétisé par chaque chrétien dans la manière pratique de dire et de vivre sa foi au jour le jour. Ainsi que le dit l'apôtre Pierre, la « redditio », c'est « rendre compte » de l'espérance qui est en nous (1 Pierre 3, 15), c'est témoigner, aux yeux et aux oreilles de la communauté chrétienne et des hommes, que l'on croit en Jésus Christ mort et ressuscité.

---

[1] Paul VI, Exhortation apostolique sur l'évangélisation, *Annoncer l'Évangile aux hommes de notre temps,* 8 décembre 1975, Le Centurion, § 40, p. 43 et § 63, p. 68.

Une parole de foi :

S'il manque l'un de ces trois actes précédemment décrits — traditio, receptio, redditio — il manquera une réelle parole de foi en Jésus Christ. Ces trois actes sont indissociablement liées et constituent ensemble la parole de foi du chrétien. C'est ainsi que le chrétien est véritablement « héritier » (cf. Romains 8, 17).

Seulement, le triple mouvement qui favorise une telle parole de foi ne se fait pas de façon individuelle et indépendante. Il se fait en Église. Il faut donc résumer les trois étapes de cette parole de foi de la façon suivante :

La *traditio*, c'est	la parole de foi reçue de l'Église.
La *receptio*, c'est	la parole de foi dite en Église.
La *redditio*, c'est	la parole de foi renvoyée à l'Église.

> Ainsi, le chrétien est institué chrétien et autorisé à se dire d'Église, s'il répond à ces trois données :
> — la profession de foi en Jésus Christ et l'affirmation explicite de son adhésion à l'Église ;
> — le sacrement de baptême, qui marque son entrée officielle dans l'Église et ouvre aux autres sacrements ;
> — la pratique quotidienne de la vie chrétienne dans le témoignage et l'engagement.

Le chrétien a le pouvoir de faire l'Église

Comme le dit le catéchisme, « le baptême nous fait chrétiens, enfants de Dieu et de l'Église ». C'est dire que la « grâce » — ce don offert gratuitement par Dieu dans le sacrement — donne le droit au chrétien de se dire d'Église et d'avoir son mot à dire dans l'Église. Comme Pierre et les apôtres au jour de la Pentecôte, chaque chrétien est de droit habilité à construire l'Église.

En effet, d'une part, le sacrement de baptême, lié à la profession de foi du nouveau baptisé, entraîne chez celui-ci un changement d'identité : fils d'homme, il est fait fils de Dieu.

D'autre part, ce changement d'identité lui assure le « droit » d'agir dans l'Église. C'est ce qu'on pourrait appeler le « droit de la grâce » : « Selon la grâce de Dieu qui m'a été donnée », dit saint Paul (1 Corinthiens 3, 10).

Ce droit de la grâce n'est pas simple autorisation accordée au croyant pour qu'il puisse travailler dans le chantier de l'Église. Ce droit l'institue membre à part entière du peuple de Dieu, chargé d'annoncer Jésus Christ, de témoigner pour lui et de le célébrer.

Profession de foi
Grâce du baptême → Changement d'identité → Droit de faire Église

Sur ce point, l'apôtre Paul se montre à la fois précis et intransigeant dans ses lettres : « Nous sommes les coopérateurs de Dieu... Puisque nous sommes ses coopérateurs, nous vous exhortons à ne pas recevoir en vain la grâce de Dieu... Ne savez-vous pas en effet que vous êtes un temple de Dieu et que l'Esprit de Dieu habite en vous ?... Possédant cet esprit de foi dont il est dit « J'ai cru, c'est pourquoi j'ai parlé », nous aussi, nous croyons et c'est pourquoi nous parlons... pourvus de dons différents selon la grâce qui nous a été donnée et en proportion de notre foi » [1].

---

[1] Cf. successivement 1 Corinthiens 3, 9 - 2 Corinthiens 6, 1 - 1 Corinthiens 3, 16 - 2 Corinthiens 4, 13 - Romains 12, 6.

De façon globale, les « droits » du chrétien dans l'Église pourraient se résumer dans le schéma ci-dessous. Le « droit de la grâce » donne au chrétien quatre « ouvertures ».

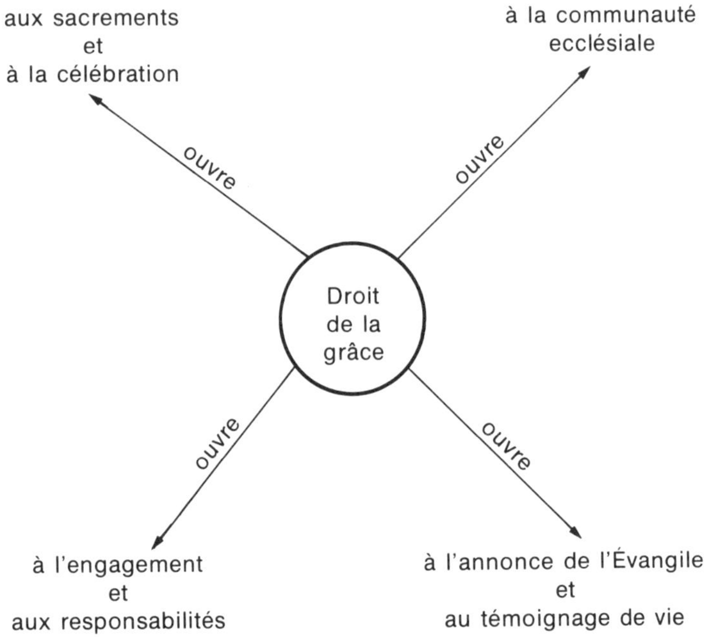

Seulement, un tel droit et un tel pouvoir ne peuvent s'exercer que dans une communauté chrétienne précise et localisée. C'est par l'intermédiaire et la médiation d'une institution — une paroisse, une aumônerie, un mouvement apostolique ou caritatif, un groupement spirituel — que le chrétien peut vivre son identité de chrétien : il est ainsi constitué « pierre vivante » d'une Église locale et membre actif de cette Église. L'histoire des premières communautés chrétiennes nous apprend que la multiplicité des Églises locales — Corinthe, Éphèse, Jérusalem, Philippes, Rome — n'a pas porté atteinte à cette conviction première que l'ensemble des Églises constituait l'unique Église du Peuple de Dieu.

En conclusion, la question « A-t-on besoin de l'Église pour croire ? » sollicite deux réponses.
D'une part, le chrétien n'est pas l'inventeur de sa foi. Il ne croit pas en n'importe quoi, ni en n'importe qui. Il croit en Jésus Christ mort et ressuscité et il a besoin des autres frères de la communauté chrétienne pour affermir cette foi et vérifier l'authenticité de sa vie chrétienne.
D'autre part, le chrétien n'est ni un isolé, ni un solitaire. Son identité chrétienne le constitue membre participant de l'Église. Et l'Église attend le concours actif de chaque chrétien pour témoigner dans le monde de la Bonne Nouvelle de Jésus Christ.

AUTRES QUESTIONS, QUELQUES RÉPONSES

Y a-t-il différents degrés d'appartenance à l'Église ?

Chacun a déjà entendu les réflexions suivantes : « Je crois, mais je ne pratique pas... Ils vont à la messe, mais ils ne disent pas bonjour à la sortie... Ils ne sont pas croyants, pourtant ils sont charitables ». Ces réflexions posent une question : y a-t-il plusieurs manières d'appartenir à l'Église ?

Dans un passé récent, il y a une trentaine d'années, cette question se posait différemment. L'appartenance à l'Église était nette : elle était balisée par la réception des sacrements aux moments importants de l'existence, elle était donc clairement reconnaissable et reconnue de tous. D'un côté, il y avait ceux qui appartenaient à l'Église en vivant une « pratique » plus ou moins assidue, mais au minimum celle du baptême, de la communion solennelle, du mariage et de l'enterrement. De l'autre, ceux qui se situaient « dehors » savaient pourquoi ils refusaient ces rites religieux, majoritaires dans la société de l'époque, et pouvaient à l'occasion s'en expliquer.

Aujourd'hui, la situation est moins simple. Qui ne connaît dans son entourage des jeunes qui, quoique baptisés, décident de se marier civilement et ajournent le mariage religieux ! Qui ne connaît des adultes qui, n'ayant guère fréquenté l'église depuis de nombreuses années, communient, à l'occasion d'un événement familial, au cours de la célébration eucharistique, afin de se sentir solidaires de ceux qui vivent cette fête ! S'il est évident qu'à cause des mentalités actuelles, il n'est plus question de moraliser ces frontières — ce serait « bien » d'être dedans et « mal » d'être dehors —, il est cependant utile de pouvoir « repérer » où est l'Église.
Essayons de regarder trois types d'appartenance à l'Église.

Premier type : d'après le critère sociologique. Sondages et enquêtes rendent régulièrement compte du nombre des catholiques. D'après un sondage réalisé en juin 1983 pour le magazine *La Vie* [1], 82% des Français se disent catholiques. Parmi ceux-là,

- 20% sont pratiquants réguliers : ils vont à la messe tous les dimanches ou une à deux fois par mois ;
- 17% sont pratiquants irréguliers ;
- 45% sont non-pratiquants.

[1] Sondage Louis Harris réalisé du 13 au 18 avril 1984, *La Vie*, n° 2023, 7-13 juin 1984, pp. 29-44.

Ces mêmes Français pensent majoritairement que les jeunes abandonnent l'Église et que celle-ci est « dépassée » par le monde moderne.

Deuxième type : d'après l'engagement, le témoignage, la pratique de foi dans la vie. Des chrétiens sont membres actifs dans l'Église : le responsable de l'accueil dans une paroisse, l'animateur d'une équipe d'Action Catholique, le délégué diocésain d'un Mouvement, la mère de famille qui reçoit chez elle un groupe d'enfants pour la catéchèse. A des titres divers, ces personnes sont des témoins de l'Église et engagés dans l'Église. Tout baptisé qui essaie de mettre en pratique l'Évangile dans sa vie quotidienne s'apparente à ce type d'appartenance à l'Église.

Troisième type : d'après la proclamation de la foi. Le chrétien baptisé qui adhère à la foi de l'Église et la met en pratique dans sa vie, peut encore manifester explicitement ce à quoi il croit et ce qui le fait vivre. Il ne cherche pas à convaincre et convertir, mais il sait au moment opportun dire : « Ce que je fais, je le fais au nom de Jésus Christ ressuscité ». Comme le disait l'apôtre Pierre : « Soyez toujours prêts à justifier votre espérance devant ceux qui vous en demandent compte » (1 Pierre 3, 15).

Comment savoir si ma foi est celle de l'Église ?

« Les catholiques, oui, l'institution, bof... », tel était le titre d'un article du dossier précédemment cité de *La Vie* [1]. Son auteur écrivait : « Comment résumer l'attitude,

[1] *Op. cit.*, p. 30, article de Michel Cool.

le regard, l'opinion des Français de base sur le monde catholique en 1984 ? M. Dupont, Mme Dupont, catholiques, se sentent souvent proches de ces hommes et de ces femmes qui, actifs, dynamiques et ouverts, sont fidèles à l'Église et qui leur ressemblent comme des frères et sœurs. Mais entre eux et l'institution Église, il y a comme un fossé ! ».
Ce constat amène à poser la question : qui peut dire pour lui-même si sa foi est celle de l'Église ? pour le savoir, est-il important de se donner des repères précis ? et qui le fera ?

Une première réponse est de dire : « L'Église doit avoir mainmise sur ses fidèles, le pape et les autorités ecclésiastiques savent ce qu'il faut croire. Que l'Église s'organise donc pour éviter à ses membres de tomber dans l'erreur ! ». C'est le fonctionnement de type monarchique et autoritaire.
Un seconde réponse serait de dire : « C'est à chacun, seul avec sa conscience, de connaître ce qu'il peut et veut croire, le principal est d'être sincère et vrai avec soi-même, ça ne regarde pas les autres ! ». Mais si chacun pense et fait ce qu'il veut, n'est-ce pas l'anarchie ?
Une troisième réponse est de lier l'intérêt de l'institution Église à la richesse de la foi vécue personnellement par chaque chrétien : « Si je crois en Jésus Christ et me dis d'Église, je ne peux croire n'importe quoi ». La foi chrétienne se vit ensemble et non chacun pour soi : elle naît, grandit et prend pleinement son sens à l'intérieur d'une communauté chrétienne.

Dans un rapport fait devant l'assemblée plénière de l'épiscopat français à Lourdes en 1973 et intitulé « Tous responsables dans l'Église ? », le Père Congar précisait les quatre caractères qui permettent à une communauté chrétienne de se dire communauté d'Église. Voici les critères à retenir :

1. *La confession de foi :* La confession de foi implique que la communauté chrétienne ne se rassemble pas au nom d'une fraternité humaine entre amis ou d'une option politique commune, mais au nom de Jésus Christ mort et ressuscité.
2. *La communion entre communautés :* La communion réalise une capacité d'hospitalité entre les communautés confessant la même foi en Jésus Christ. Une communauté est ecclésiale, si elle accueille et écoute les autres communautés chrétiennes et si elle vit avec elles une fraternité de partage.
3. *Le souci de l'existence de l'Église :* Chaque chrétien doit avoir le souci de faire exister sa communauté, chaque communauté doit avoir le souci de faire exister l'Église. Le chrétien n'est pas chrétien pour lui-même, ni la communauté chrétienne pour elle-même, mais en vue de l'Église à bâtir.
4. *La reconnaissance d'un ministre ordonné :* Par ce ministère particulier est signifié le lien d'une communauté chrétienne locale avec l'Église, ainsi que la communion universelle avec les autres communautés d'Église.

Si la question de départ — « ma foi » — s'est déplacée vers le terrain de la communauté chrétienne, ce n'est pas pour nier l'importance de l'individu croyant, mais pour insister sur l'originalité de la foi chrétienne : c'est en effet toujours à l'intérieur d'une communauté, elle-même signe de la grande communauté qu'est l'Église, que se transmettent et se vivent la foi en Jésus Christ, l'espérance et l'amour. Vivre en chrétien, c'est vivre en Église.

Qu'est-ce que ça peut bien faire à l'Église que je croie ?

Spontanément, on peut penser que cela ne fait rien du tout : l'Église ne va pas « s'écrouler » pour un chrétien qui dirait ne plus croire ou un indifférent qui ne pratiquerait plus sa foi. Si l'on considère l'Église comme une institution « qui tourne bien », avec une hiérarchie, des ministres qui donnent les sacrements, des lois à respecter et des idées à imposer, chaque individu croyant, alors en situation de consommateur, n'a guère de poids en face d'elle. Mais une telle manière de considérer l'Église implique une conception individualiste de la foi : chacun vivrait dans son coin, moins préoccupé de porter un témoignage dans le monde que d'assurer son seul salut.

Précisons donc la question : Qu'est-ce que cela peut apporter à l'Église que je croie et que je le dise ?

D'abord, l'Église n'est pas une institution comme la Sécurité Sociale, ensemble d'assurés anonymes qui s'ignorent les uns les autres. Elle est un ensemble vivant qui cherche à témoigner du royaume de Dieu dans le monde. La vie de foi de chacun de ses membres a donc de l'importance, là où il se trouve. Si l'on est persuadé que l'annonce de la Bonne Nouvelle de Jésus Christ passe par des chrétiens qui célèbrent, prient et posent des actes d'espérance, expression et parole de foi de chacun sont indispensables.

Ensuite, tout n'a pas été dit sur Dieu depuis les origines de l'Église. Le rôle de l'Église est d'inciter chaque chrétien, à la suite et avec d'autres chrétiens, à annoncer l'Évangile et à « dire Dieu ». Lorsqu'un groupe de chrétiens prend position dans une action concrète de lutte pour la justice, en mettant en œuvre les paroles évangéliques : « Ce que vous aurez fait au plus petit d'entre les miens, c'est à moi que vous l'aurez fait » (Matthieu 25, 40), n'est-ce pas là vivre selon l'Évangile et parler de Dieu ? En chaque pays et à chaque époque, Dieu peut être annoncé de multiples façons par ceux qui croient en lui. Cela est l'affaire de tous et l'Église a besoin de tous les chrétiens pour que Dieu soit dit et proclamé.

Enfin, agir au nom de sa foi et vivre sa foi, cela ne va pas sans « dire » explicitement sa foi. Est chrétien celui qui exprime sa foi avec d'autres : prières, célébrations et sacrements sont les moyens qui constituent de manière visible des groupes d'Église. Chacun connaît l'importance de ces « temps forts » qui à la fois approfondissent la connaissance de Dieu et donnent sens à l'action. Dans cet ensemble, chacun est unique et irremplaçable. Et l'Église a besoin de tous ces groupes et de tous les chrétiens de ces groupes. Parce que la foi n'est pas une affaire individuelle, mais la vie et l'histoire d'un peuple, chaque chrétien marque l'Église, comme il est marqué par elle. Parce que la foi s'est toujours transmise à travers des visages d'hommes et de femmes, chacun a son rôle à jouer vis-à-vis des autres. Ainsi, chacun naît de l'Église, grandit en Église et fait l'Église. Si je me tais en ne vivant pas et n'exprimant pas ma foi, c'est une parcelle du royaume de Dieu qui ne sera pas manifestée à la place où je suis et que personne ne peut occuper, puisque c'est la mienne ! Membre du peuple de Dieu, chaque chrétien est responsable de l'annonce du royaume de Dieu.

Faut-il toujours croire le pape et les évêques ?

Il n'est pas rare d'entendre les réflexions suivantes : « Cette décision du pape, je ne peux l'accepter ! Cette déclaration des évêques est insoutenable ! Le pape est-il vraiment infaillible ? ». Ainsi se posent les questions : faut-il croire comme vérité de foi tout ce que disent et écrivent le pape et les évêques ? Doit-on recevoir toutes leurs déclarations au pied de la lettre ou bien peut-on « en prendre et en laisser » ?
Questions et incompréhensions proviennent pour une part de la méconnaissance du « statut » des différentes paroles institutionnelles. Les écrits, discours, paroles du pape et des évêques n'ont pas tous même poids et même autorité. On peut les classer en trois catégories.

1. Le magistère extraordinaire

Le magistère extraordinaire est d'un grand poids théologique et doctrinal. Il s'exprime de deux manières.

— Par le pape, lorsque celui-ci parle « ex cathedra » (c'est-à-dire « depuis son siège » ou « depuis sa chaire ») : dans ce cas, le pape parle en vertu de sa mission propre d'enseignement évangélique et doctrinal. Cette affirmation s'appuie sur la parole du Christ à Pierre : « J'ai prié pour toi, afin que ta foi ne défaille pas ; quand tu seras revenu, affermis tes frères » (Luc 22, 32).
Le domaine auquel s'applique cette infaillibilité est précis et strictement circonscrit : il s'agit exclusivement de la définition des points de doctrine visant la foi et les mœurs ; sont exclues les questions de caractère pastoral et disciplinaire. Ainsi l'encyclique *Huma-*

nae vitae (1968) de Paul VI sur la régulation des naissances, les sanctions ecclésiastiques à l'encontre de Mgr Lefebvre ou la canonisation d'un bienheureux ne relèvent pas du domaine de l'infaillibilité.
A l'inverse, la promulgation par le pape Pie XII du dogme de l'Assomption de Marie relève de ce magistère dit « infaillible ». C'est la dernière déclaration de ce genre, prise en 1950 [1]. Au préalable, le pape s'était enquis auprès des évêques du monde entier de la foi des catholiques sur ce sujet. Et c'est seulement après avoir constaté l'assentiment général de l'Église que le pape proclama « ex cathedra » l'Assomption de la Vierge Marie. L'infaillibilité s'appuie toujours sur un consensus ecclésial, l'infaillibilité du pape est celle de l'Église.

— Par les Conciles œcuméniques, qui réunissent l'ensemble des évêques du monde, et si ces derniers déclarent parler de manière « irréformable ». Le Concile Vatican II (1962-1965), lui, n'a pas défini la manière dont il parlait.
Du point de vue de l'éthique, les déclarations des Conciles œcuméniques sont de l'ordre des grands principes : aimer son prochain, ne pas tuer injustement, ne pas faire aux autres ce qui pourrait leur nuire. Il convient de préciser que l'Église recourt de manière exceptionnelle à ce genre de définitions solennelles relevant du domaine de l'infaillibilité.
De plus, il est important de distinguer la visée contenue dans la proposition dogmatique — « le noyau » — et le langage dans lequel cette visée est exprimée. Seule, la visée est dite « irréformable » ; la manière dont

---

[1] C'est la constitution dogmatique *Munificentissimus Deus*, du 1er novembre 1950, qui a défini le dogme de l'Assomption de la Vierge Marie.

elle est formulée peut périodiquement se réformer. La formulation dogmatique n'échappe pas en effet aux particularités du langage humain : celui-ci est limité et fini, culturellement situé, pouvant devenir caduc et dépassé.

Enfin, il faut noter que l'infaillibilité s'applique au seul enseignement du magistère et seulement si le magistère engage explicitement son autorité dans le domaine de la foi et des mœurs.

2. *Le magistère ordinaire et universel*

Pris isolément, aucun évêque ne jouit du privilège de l'infaillibilité. Par contre, quand les évêques — même dispersés à travers le monde — déclarent, d'un commun accord et en accord avec le pape, soutenir tel point de doctrine sur une question de foi ou de morale, leur prise de parole est quasi « irréformable », et donc proche de l'infaillibilité. Ce peut être par exemple une prise de position sur le refus de l'avortement ou la parenté responsable ; en matière de contraception, il n'y a pas toutefois de consensus manifeste.

3. *Le magistère ordinaire*

Les quatre types de déclaration présentés ci-dessous ne jouissent pas de l'infaillibilité, même si ces encycliques, discours, décrets demandent à être reçus par les communautés chrétiennes avec estime et respect.

— Les documents du pape adressés à l'Église universelle : encycliques, lettres apostoliques. Leur enseignement appelle en principe une adhésion intérieure positive de la part des chrétiens, quoique non absolument définitive. Par leur nature même, ces lettres sont en effet plus conditionnées par la langue et le ton d'une époque qu'une décision apostolique.

— Les documents des Congrégations de la Curie romaine. On peut distinguer ici deux sortes de documents : les uns appelés « informa specifica » et approuvés explicitement par le pape ; les autres appelés « informa communi » et écrits seulement par une Congrégation de la Curie (par exemple, le document sur l'éducation sexuelle).

— Les lettres et documents écrits par les conférences épiscopales : par exemple, le *Texte de référence* pour la catéchèse des enfants, écrit par la conférence épiscopale française en 1979.

— Les lettres et discours des évêques dans leur propre diocèse.

BIBLIOGRAPHIE

Robert COFFY, Roger VARRO, *Église, signe de salut au milieu des hommes,* Rapport à l'Assemblée plénière de l'épiscopat français, Lourdes 1971, Le Centurion 1972, 93 pages.

Jacques GUILLET, *Les premiers mots de la foi : de Jésus à l'Église,* Le Centurion, coll. Croire et comprendre, 1977, 128 pages.

Jean RIGAL, *L'Église, obstacle et chemin vers Dieu,* Le Cerf, 1983, 220 pages.

Quand les chrétiens disent leur foi : Babel ou Pentecôte?, par le Centre national d'Enseignement religieux, C.R.E.R., Angers, 1984, 99 pages.

TABLE DES MATIÈRES

Imprimé en Belgique